算法的商业秘密认定研究

徐灵波 著

浙江工商大学出版社
ZHEJIANG GONGSHANG UNIVERSITY PRESS
·杭州·

第五章　算法的商业秘密认定之司法建议

第一章　引言

司法机关为商业秘密独开新篇①，行政机关、②司法政策亦动作频频，③ 我国与美国签订的《中华人民共和国政府和美利坚合众国政府经济贸易协议》（以下简称《中美经贸协议》）开篇即谈及商业秘密保护之最新共识。④学术界观点持续活跃，司法实务的回应亦热度再涨。但是我们看不到的是，时代更

---

① 2020 年，最高人民法院颁布《最高人民法院关于审理侵犯商业秘密民事案件适用法律若干问题的规定》；最高人民检察院、公安部印发《关于修改侵犯商业秘密刑事案件立案追诉标准的决定》。

② 2020 年 8 月 25 日，山东省出台首个商业秘密保护工作指引；2020 年 10 月 19 日，湖北武汉宣布将建立商业秘密保护联系制度；2021 年 3 月 1 日，上海市知识产权保护条例生效；2021 年 3 月 22 日，四川广元宣布启动商业秘密保护示范基地建设；2020 年 7 月 22 日，广东省建立首个商业秘密保护基地；2021 年 1 月 6 日，重庆市授牌首批商业秘密保护示范样板；2021 年 9 月 15 日，浙江省发布全国首个商业秘密保护省级地方标准。参见中央人民政府网，2020 年 9 月 18 日，最后访问时间：2021 年 4 月 10 日，http://www.samr.gov.cn/xw/df/202009/t20200918_321784.html.

③ 《国家市场监管总局关于〈商业秘密保护规定（征求意见稿）〉公开征求意见的通知》，中国政府法制信息网，2020 年 9 月 4 日，最后访问时间：2021 年 4 月 10 日，http://www.moj.gov.cn/government_public/content/2020-09/04/657_3255348.html.

④ 2020 年 1 月 15 日，中美双方历时两年多，经过十三轮的谈判，签订第一阶段的经贸协议《中美经贸协议》。本协议将知识产权作为协议的第一章节，并在首章知识产权章节中除了第一节规定的一般性义务外，该章第二节便是关于商业秘密保护的规定。参见中华人民共和国商务部网站，2020 年 1 月 15 日，最后访问时间：2021 年 10 月 9 日，http://www.mofcom.gov.cn/article/ae/ai/202001/20200102930845.html.

迭，当商业秘密这具古老躯体被注入新的血液时，[1] 应当如何调适？站在工业洪流和法律文明交汇的隘口，这实际上是一个时代问题[2]——究竟应该如何保护商业秘密？或者说，何种保护能够在明确权利的前提下，为商业秘密提供彰显司法态度的背书？

1. 算法作为商业秘密保护的立法脉络：工业迭代的伴生保护

在商业秘密制度下检视算法，应当以历史的眼光来看。总体来说，算法随着工业生产要素的增加而被商业秘密制度承认，其发展脉络遵循着商业秘密对象的逐步扩张和对商业秘密制度的完善，历史背景即基础工业的数次迭代，算法并非受到专门立法的重视，而是受一种伴生性的保护。

技术信息被认为是狭义的商业秘密。[3] 我国对于技术信息的规定始于对外经济贸易领域，彼时尚未涉及知识产权制度，甚至商业秘密制度亦未成体系。1985 年 5 月，国务院颁布的《技术引进合同管理条例》（以下简称《条例》）及其配套的《中华人民共和国技术引进合同管理条例施行细则》（以下简称《细则》）规定了专有技术的引进制度，其中规定专有技术是未经

---

[1] 一般认为，英国在 1817 年的 Newbery v. James 案中开始尝试对商业秘密的保护；此外，通常认为美国第一个涉及商业秘密的案件是 1837 年的 Vichey v. Welch 案。参见黄武双：《商业秘密保护的合理边界研究》，法律出版社 2018 年版，第 19 页。

[2] 党的十九届四中全会作出"加强企业商业秘密保护"的决策部署；2020 年 11 月 30 日，习近平总书记在主持中共中央政治局第二十五次集体学习时强调"要提高知识产权保护工作法治化水平""要加强地理标志、商业秘密等领域立法"。

[3] 张今：《商业秘密的范围和构成条件及其应用》，《法律适用》2000 年第 4 期，第 28—31 页。

公开亦未取得任何工业产权法律保护的技术知识，可以体现于某种制造产品的工艺、产品设计、配方、质量控制或者管理方面的技术知识。可见，技术信息的内涵是被附带规定的，《条例》及《细则》的重心在于技术引进——20世纪90年代，我国作为世界工厂，处于劳动密集型发展阶段，工业体系落后，对于商业秘密的保护体系尚未开始建立，遑论对算法的保护。

1992年，中美两国政府签订《关于保护知识产权的谅解备忘录》。根据约定，我国于1993年颁布《中华人民共和国反不正当竞争法》（以下简称《反不正当竞争法》），并于2007年出台《关于审理不正当竞争民事案件应用法律若干问题的解释》（以下简称《反不正当竞争法解释》）。该法及其司法解释是商业秘密制度在我国确立的最主要的文本依据。其以规制侵权行为的方式保护商业秘密，这也反映出知识产权法的专有权利之基本特征。此后，2017年和2019年的《反不正当竞争法》修订未对商业秘密的内涵进行实质性修改，但进一步扩张了商业秘密的范围。

Web3.0时代肇始，具有商业价值的信息越来越多，在大数据技术的加持下，越来越多的信息要素能够成为商业秘密制度的对象，这一趋势也反映在立法层面上。2019年修订的《反不正当竞争法》在制度上拓宽了囿于技术信息与经营信息的商业秘密制度的范围——与其说是解除限制，不如说是以更为宽容的姿态将更多商业信息纳入商业秘密制度的保护范围。换言之，商业秘密制度可以在更为广阔的场景内为善意诚实、正当参与市场竞争的民事主体提供保护。与此同时，《民法典》正式将商业秘密确立为知识产权的客体，把商业秘密权利人从竞争法体系下的竞争者拓展到所有民事主体。从这个意义上来看，算法能够作为技术信息之一而受保护，实际上是商业秘密范围拓宽的表征之一，其内核在于工业体系的进步对商业秘密制度提出了更高的要求。

2. 算法作为商业秘密保护的司法政策：由弱到强的保护姿态

商业秘密的延及范围是随着理论和立法的更新而日益扩大的。从世界范围看，商业秘密制度被承认是从财产特征明显的技术信息开始的，[①]之后才扩张到技术信息以外的经营信息。就本书的研究对象算法而言，商业秘密制度保护对象的扩张等同于商业秘密制度整体保护高度的提高，而这实际上反映出立法者和司法实践对于此种"有价值但未公开"的信息日渐重视。时至今日，此种重视不仅体现在立法层面保护范围的扩张上，还体现在司法层面保护程度的提高上。

在我国的司法实践中，司法政策极具中国特色。尽管司法政策的概念在理论界存在较大争议，但事实上它的影响力是毋庸置疑的。依颁布主体的不同，司法政策可以分为中国共产党确立的司法政策和最高人民法院制定的有关司法审判活动的政策，前者是宏观的大政方针，后者则相对具体。[②]党的政策

---

① 张今：《商业秘密的范围和构成条件及其应用》，《法律适用》
　2000 年第 4 期，第 28—31 页。
② 刘晓鸣：《政策司法化研究》，2020 年吉林大学博士学位论文。

旨在全局指导司法审判和知识产权保护水平；最高人民法院出台的有关《反不正当竞争法》与知识产权专门法的司法政策可以"化约"为一项法律规则，[①] 为知识产权客体提供具体的附加保护。本书认为算法作为技术信息获得商业秘密制度的保护在一定程度上受到了我国司法政策的影响，这一影响既体现在算法被吸收进技术信息范畴本身上，也体现在商业秘密保护水平的提升上。

对于商业秘密的保护，始于刑事制裁的强力态度。2004年，时任最高人民法院副院长曹建明在中国知识产权研究会第四届全国代表大会上做专题报告，指出"党和国家比任何时候都要更加注重通过法律手段打击侵权……加大对知识产权的刑事司法保护"，随着 2007 年《反不正当竞争法司法解释》的颁布，司法政策中商业秘密的保护重点从刑事领域逐渐扩展到民事领域，该司法解释规定了典型的商业秘密侵权行为，界定了商业秘密客体的范围。自 2008 年起，最高人民法院逐年颁布《最高人民法院知识产权案件年度报告》，该报告在概述每年度知识产权案件审理概况时，均单列商业秘密纠纷的典型案例。自 2009 年始，最高人民法院发布中国知识产权司法保护十大案例与典型案例，迄今已有 10 余载，几乎每年都会列出商业秘密纠纷相关案例。2018 年，最高人民法院发布 7 起人民法院充分发挥审判职能作用保护产权和企业家合法权益的典型案例。2019 年，最高人民法院发布《关于为推动经济

---

① 曾凤辰：《反不正当竞争法与知识产权法关系的司法政策的教义学展开》，《交大法学》2021 年第 2 期，第 157—168 页。

高质量发展提供司法服务和保障的意见》，将商业秘密保护提升到经济高质量发展的"责任感和使命感"之高度。2020 年，最高人民法院发布《全面加强知识产权司法保护的意见》，将商业秘密单条列明；2020 年 9 月，最高人民法院颁布《商业秘密司法解释》，直接列明算法、数据可以作为商业秘密的对象之一。至此，Web3.0 时代的产物——算法，正式进入了商业秘密"古老又崭新"的躯壳。[1]

3. 算法作为商业秘密保护的现实价值：一种维权的可选路径

本书坚持的观点是，商业秘密制度对算法的保护是对计算机软件保护程度现实要求的一种法律回应，作为一种新的保护路径，其填补了版权路径保护不周延、原有《反不正当竞争法》保护不充分的漏洞。《商业秘密司法解释》将算法和计算机软件分别列明，并非保护的冗余，而是将算法独立于计算机软件，向公众宣告算法可以自成一体地被认定为商业秘密。这实际上为权利人主张权利、排除侵害提供了另一种制度选择。算法可以看作计算机软件的一种构成要素，而其抽象性可以为日后更为复杂的计算机软件侵权认定提供更为丰富的"样本依据"和文本依据。此时，算法从事实概念转化为法律概念，这是一种单向不可逆的转化，换言之，权利人通过明确算法的"事实要件"获得了法律上的商业秘密权。

最高人民法院自 2004 年开始发布关于商业秘密保护的司

---

[1] 郑成思：《知识产权研究（第二卷）》，中国方正出版社 1996 年版，第 102 页。

法政策以来，商业秘密制度的保护范围逐步扩张，对其保护程度呈线性提升趋势。就商业秘密的对象而言，其每次扩张无不带着特定的时代气息，指针拨到如今之历史方位，可以说，对于算法的保护，即司法政策对知识产权或对市场经济最具时代活力的鼓励和保护。

《商业秘密司法解释》体现了司法实践部门对于现实需求的回应——该司法解释的出台即可视为对实践中有争议问题的快速响应。对于计算机软件权利人的保护，我国素来以《中华人民共和国计算机软件保护条例》（以下简称《计算机软件保护条例》）为依据，以著作权为保护进路的基本路径。《商业秘密司法解释》将涉及计算机软件的诸多要素纳入商业秘密保护，将算法独立于计算机程序的列举，这显示了我国拓宽了对计算机软件的保护范围。

但是若进行严格的审视，我国的法律法规对于"算法与《计算机软件保护条例》规定的源程序、目标程序的关系""算法作为商业秘密的认定模式"及"算法作为技术信息的侵权认定路径"尚未作出具体规定。因此，算法虽有《商业秘密司法解释》背书，但其保护的可操作性不强，仍需完善。换言之，其确权认定路径尚不明晰。基于此，本书通过案例实证分析并结合相关法理，在借鉴美国对于商业秘密保护的成熟经验的基础上，以如上三大问题为分析基本路径展开讨论，最后提出相关完善建议。

第二节 研究现状

从历史的眼光来看，技术秘密是商业秘密获得法律层面保护的最初动因。从立法文本来看，诸如独立研发、反向工程的法律用词主要是为技术秘密而设立的。从这个意义上来说，技术秘密是更为"纯粹"的商业秘密。从比较法来看，[①] 显然也存在类似的观点——从某种意义上来看，我国商业秘密规范正是比较法的移植与调适。

技术秘密是商业秘密法领域的两大支柱之一，在我国现行法律中以"技术信息"来表述。商业秘密案件在知识产权案件中自有其特殊性，需要特殊的审理思路，涉算法案件在技术信息案件中更是如此，而在案件运行过程中，相较于反向工程的抗辩，技术秘密的确权似乎更是"正向工程"的证立。

1. 关于技术信息的研究：重适用，轻理论

算法成为商业秘密制度的规范对象，是以技术信息作为切入依据的。因此，需要回顾我国学者对技术信息的认识和理解。

---

① 1995 年，美国《反不正当竞争法重述（第三版）》在 39 条评论 b 阐述保护商业秘密的理由时直接指出：19 世纪诞生于英格兰的现代商业秘密法，显然是为了回应技术诀窍的积累，以及工业革命期间增加的雇员流动。

就本书的考察来看，相较于对于商业秘密的认识，对于技术信息的认识可以用匮乏来形容，进一步地，鲜有学者站在商业秘密总体站位上考量法定要件及其相互关系，这亦成为本书要考虑算法在商业秘密认定中需要解决的前置性问题。

从文义看，技术信息在字面上构成最直接的商业秘密。[①] 从历史来看，技术秘密是最为纯粹的商业秘密。但是对于技术秘密的专门研究——尤其是在近年来相关法律规范频繁变动的背景下，结合我国司法实践，通常并未区分研究，至少在著作的章节安排中并未区分"技术信息"和"经营信息"。如"21世纪知识产权规划教材"系列《商业秘密保护法》一书中，对于技术信息与经营信息的解释仅止于司法解释规定，甚至并未提及技术秘密案件审理中的秘密点比对问题，遑论技术方案和技术特征等细节讨论。[②]

就目前的研究成果来看，学者研究热度和前述司法实践的迫切程度是不成正比的。截至 2021 年 6 月，以"技术秘密"为关键词进行文献检索，在中国知网上可以找到 250 余篇，人工排除管理类、工商类的文献，以"知识产权法、民法"的角度加以论述的仅 81 篇，如图 1-1 所示：

[①] 应当说明，立法文本中对于"技术信息"与"技术秘密"的表述界分始于 2019 年，故本节作为文献综述，将检索关键词设置为"技术秘密"，后文展开论述时，使用最新的法条表述。

[②] 李仪、苟正金：《商业秘密保护法》，北京大学出版社 2017 年版，第 69—70 页。

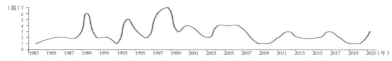

图 1-1　知网 1986—2021 年以"技术秘密"为关键词的论文发表数统计

　　通过对早期期刊文献考察可得，国内对于商业秘密的研究表现为将技术秘密置于商业秘密的躯壳中直接论述，抑或是对国际条约、域外司法实践进行横向对比来研究。如刘书剑（1982）等翻译了法国法律对技术秘密的保护，介绍了法国商业秘密中的技术秘密的定义、基本保护方法，以及其与专利和其他权利的关系；[1] 马雅清（1999）等通过翻译考察加拿大对于员工离职案件的审查实践，探讨技术信息与劳动力流动之间的法律地位；[2] 李永明（1992）通过与国际商会、世界知识产权组织（World Intellectual Property Organization，WIPO）相关公约、意见中的技术秘密进行横向对比，尝试探讨我国的技术秘密法律属性；[3] 程宗璋（1999）从商业秘密的整体属性角度考察商业秘密制度，附带提及技术秘密。[4] 早期的学者几乎从商业秘

---

[1] [法] 克里斯蒂昂·勒·斯·汤克：《法国的商业秘密法律——对技术秘诀的保护》，《法律译丛》1982 年第 3 期，第 37—43 页。

[2] [加] 特德·哈罗德、米希尔·米希里森、马雅清：《秘密信息和技术"诀窍"——加拿大法院审理商业秘密案件的司法实践》，《外国法译评》1999 年第 3 期，第 26—35 页。

[3] 李永明：《关于技术秘密的几个法律问题》，《河北法学》1992 年第 2 期，第 25—29 页。

[4] 程宗璋：《论商业秘密及其法律保护》，《华东政法学院学报》1999 年第 4 期，第 41—45 页。

密单独要件入手，进行个别化的认定和理解。[①] 随着司法实践的推进，法官们开始发声，张今（2000）通过与"非专利技术"对比进一步探讨了技术秘密的法律属性和实践操作。[②] 谭筱清（2002）通过具体案例阐述司法认定中的"新颖性标准"和举证程序的操作安排。[③] 林建军（2001）等则对技术信息方案及其明确载体、形成过程中的开发费用、转让费用提出了要求。[④] 彭学龙是我国早年研究商业秘密的典型学者，他详细考察了美国商业秘密保护实践，彼时其作为硕士研究生，从法律属性的角度对商业秘密法与知识产权法的性质展开研究，并通过时间性、地域性、专有性"三性"对商业秘密权展开研究，同时具有前沿性地对必要披露义务、时效制度，以及我国商业秘密保护在入世潮流中的流转与调适展开讨论。后彭学龙集中研究美国商业秘密法，在 2001—2007 年间产出了相当可观的研究成

---

① 罗玉中、张晓津：《TRIPs 与我国商业秘密的法律保护》，《中外法学》1999 年第 3 期，第 23—29 页；江帆：《商业秘密理论与立法探讨》，《现代法学》2004 年第 3 期，第 148—155 页；李永明：《商业秘密及其法律保护》，《法学研究》1994 年第 3 期，第 48—56 页；李有星、徐烨：《论我国商业秘密及其司法保护》，《国际商务研究》1997 年第 4 期，第 20—25 页。
② 张今：《商业秘密的范围和构成条件及其应用》，《法律适用》2000 年第 4 期，第 28—31 页。
③ 谭筱清：《对商业秘密新颖性的理解与适用》，《人民司法》2002 年第 5 期，第 66—69 页。
④ 谭筱清：《对商业秘密新颖性的理解与适用》，《人民司法》2002 年第 5 期，第 66—69 页。

果,但是戛然而止于参编 2007 年版《知识产权国际保护制度》。[①]

直到 2007 年前后,研究的针对性有了明显提高——但是总量依旧不算活跃。相对前瞻的是对于技术秘密独立的认定思路的考察,如罗晓霞(2012)对技术秘密的秘密性相对人范围是否及于不特定公众、公知性抗辩事由范围等提出的意见,[②] 宋健、顾韬(2015)开始尝试在文字中固定技术秘密的审判经验。[③]

应当承认,对独立性体系化研究这一项商业秘密研究早期的成果发问是不合理的,早期研究旨在厘清商业秘密的客体属性。截至 2021 年 7 月,在北大法宝数据库以"技术秘密"为标题关键词检索,最新的研究成果仅有一篇针对商业秘密,而且该文目光之所向为整体的商业秘密制度。[④]2019 年北京市高级人民法院发布《〈反不正当竞争法〉修改后商业秘密司

① 彭学龙:《商业秘密善意取得与动产善意取得制度之比较》,《政法论丛》2001 年第 4 期,第 23—25 页;崔明霞、彭学龙:《商业秘密法律保护世纪回顾》,《法学论坛》2001 年第 6 期,第 31—37 页;彭学龙:《从美国最新判例看客户名单商业秘密属性的认定》,《知识产权》2003 年第 1 期,第 57—62 页;彭学龙:《加入 WTO 与我国商业秘密法的完善》,《黑龙江对外经贸》2002 年第 9 期,第 42—44 页。

② 罗晓霞:《技术秘密侵权案中公知技术的法律问题研究》,《行政与法》2012 年第 6 期,第 113—116 页。

③ 宋健、顾韬:《商业秘密知识产权案件若干问题研究》,《法律适用》2010 年第 C1 期,第 157—162 页;顾韬:《关于侵害技术秘密纠纷案件审理思路及方法的探讨》,《电子知识产权》2015 年第 12 期,第 13—21 页。

④ 黄武双:《商业秘密的理论基础及其属性演变》,《知识产权》2021 年第 5 期,第 3—14 页。

和机器交互的决策机制、[1]"人工智能的核心技术",[2]即人类通过代码编写、数据运算与机器自主判断进行决策的一套机制。值得一提的是,AI业界对于人工智能曾如此打趣:"所谓'人工智能',有多少人工,才有多少智能。"从这个意义上讲,算法目前在技术上的实现远不及法学界所探讨之所谓"算法独裁"[3]的高度,学界对算法的关注亦停留在谨慎目光下的规制之限度。

至于将算法放置在商业秘密的框架下检视的情况,则可以用空白来形容。这一情况首先由于商业秘密制度没有一个周严的体系进行内部证成,基于这样一个体系进行算法的检视则是无源之水。在这样的背景下,算法的商业秘密认定急需切入本体进行讨论,而非泛泛地讨论其在社会风险中的责任位置。

3. 实务界对算法的态度:重规制,轻保护

美国对商业秘密的保护始于其工业化,进入信息化时代,其在算法、计算机软件的保护经验亦早于我国。美国高度重视对商业秘密的保护,将窃取商业秘密的行为视为典型的经济刑事犯罪行为。2016年10月,白宫科学和技术政策办公室(OSTP)发布了题为《为人工智能的未来做准备》的报告。该报告集中探讨了人工智能及算法在公共利益方面带来的挑

---

[1] 丁晓东:《论算法的法律规制》,《中国社会科学》2020年第12期,第138—159页、第203页。

[2] 梁志文:《论算法排他权:破除算法偏见的路径选择》,《政治与法律》2020年第8期,第94—106页。

[3] 季卫东:《数据、隐私以及人工智能时代的宪法创新》,《南大法学》2020年第1期,第1—12页。

战，包括对劳动力及公平性、安全性和治理观念的影响，并提出了 23 条建议作为总结。这份报告被评价为"含糊而乏味"的，[1] 但是从精神层面来看，该报告体现了对算法的谨慎态度。如建议 5：政府机构在为支持人工智能的产品制定监管政策时，应利用"适当的、高水平的"技术专业知识；建议 16：使用基于人工智能和算法的系统，为个人相关的决定作出决策或者提供决策支持的联邦机构需格外小心，应在基于证据的验证和确认基础上，确保这些系统的有效性和公平性。[2]2017 年 1 月，美国计算机协会（ACM）公共政策委员会发布了由信息技术领域的教育家、研究人员和专业人士编写的一揽子指导原则。这些原则被视为算法权利法案的前身，其包括：意识性、访问性和补救性、问责制、解释性、数据溯源性、可审计性、公开验证和测试性。[3] 可见，这些准则传达出一种强烈的关于设立预警机制和追责路径的倾向。

就专门立法而言，2016 年美国通过了《保护商业秘密法》

① ［印］Kartik Hosanagar：《算法时代》，蔡瑜译，文汇出版社 2020 年版，第 153—154 页。
② Executive Office of the President National Science and Technology Council National Science and Technology Council Committee on Technology，2016 年 10 月 12 日，最后访问时间：2020 年 1 月 8 日，https://obamawhitehouse.archives.gov/sites/default/files/whitehouse_files/microsites/ostp/NSTC/preparing_for_the_future_of_ai.pdf.
③ Association for Computing Machinery US Public Policy Council (USACM), Statement on Algorithmic Transparency and Accountability.2017 年 12 月 11 日，最后访问时间：2020 年 5 月 7 日，http://www.acm.org/binaries/content/assets/publicpolicy/2017_usacm_statement_algorithms.pdf.

（*Defend Trade Secret Act*，DTSA），进一步完善了美国的商业秘密保护体系，反映出其对商业秘密保护的强硬司法态度。就算法而言，美国国会于2019年引入《算法问责法》（*Algorithmic Accountability Act of 2019*），该法案的基本精神可以认定为"重规制，轻保护"。该法案主要针对美国大型企业中算法对于妇女或有色人种的歧视问题，即算法透明之争。该法案授权联邦贸易委员会制定法规，对某些大型公司作出某些规定，要求其调整在评估种族、性别及有色人种方面的算法歧视，重新对自动决策系统进行配置。可见，就美国最近的立法态度而言，其并未对算法本体的明确或是明确权属等方面作出规定——而这是对算法本体保护的先决条件。

欧盟于2018年5月生效的《通用数据保护条例》（*General Data Protection Regulation*，GDPR）在企业收集、使用和处理公民个人数据等方面作出规定，该条例不仅适用于设立在欧盟的组织，也适用于在欧盟拥有相关产业的组织。这一条例侧重的是基于对算法的规制，从而达到对公民个人信息保护的目的，进而达成欧盟素来对个人信息保护的立法目的。同样，就欧盟上述的立法进展来看，对于算法本身的保护亦未在立法层面明确。

4. 算法的商业秘密认定：国内不兴，域外不精

算法是一种客观的信息要素，就商业秘密制度的可规范性而言并不存在争议，但是就规范性文件而言，2020年《商业秘密司法解释》将算法正式列举为商业秘密制度的规范对象，正式宣告算法的这一保护路径。算法进入最高人民法院的视野

较晚，且其置于国内外学者的书桌亦不早。总体而言，可以"国内不兴，域外不精"来概括，这里的"域外"以商业秘密制度发展长足的美国为代表。

所谓"国内不兴"，是指我国学者对算法的商业秘密认定的讨论尚处空白。从本研究的检索来看，在北大法宝数据库以"算法＋商业秘密＋认定"为关键词进行检索，无法检索到任何文章。退一步，以"算法＋商业秘密"为关键词进行检索，可以找到 4 篇文献，分别是《算法透明与商业秘密的冲突及协调》《算法商业秘密与算法正义》《公共服务领域算法解释权之构建》《论算法排他权：破除算法偏见的路径选择》。这一检索结果正暗合了前文对学界之于算法的观点，即重运行，轻本体。

具体而言，以上 4 篇文献均未直接依据算法本体的属性切入，亦未从商业秘密法定要件以权利认定为目的进行探讨。例如《算法透明与商业秘密的冲突及协调》一文主要是以算法透明与商业秘密制度的利益衡平为讨论的基本视角，不涉及商业秘密的认定；[①] 又如《算法商业秘密与算法正义》一文将视角限定在法理学意义上的程序层面，从算法正义与正当程序之间的关系展开，亦无涉算法的本体。[②] 应当说明的是，尽管以北大法宝为检索数据库无法涵盖相关的课题研究和其他渠道的检索，但是从该数据库收录的期刊级别来看，这样的检索结果

① 李安：《算法透明与商业秘密的冲突及协调》，《电子知识产权》2021 年第 4 期，第 26—39 页。
② 李晓辉：《算法商业秘密与算法正义》，《比较法研究》2021 年第 3 期，第 105—121 页。

至少能够说明对于"算法的商业秘密认定"这一具体方向，我国学者讨论甚少，即为本书所称的"不兴"。

所谓"域外不精"，是指以"Heinonline"为数据库、以"algorithm & trade secret"为关键词，检索到的结果亦无专文进行讨论，而仅进行附带性的讨论。如 *Trade Secret Protection* 一文将谷歌公司的算法商业秘密保护作为对法定要件秘密性认识的论据，仅提及算法作为商业秘密的现状；[①] 又如鲍曼和贾米拉在讨论商业秘密本身属性的复杂性时将算法作为其论据，以论证即使算法本身存在抽象性依然可以构成商业秘密，该文不涉及算法与商业秘密法定要件的要素互动。[②] 再如，钱德从算法公开和商业秘密的保密效能展开，对两大基本制度的对抗与衡平进行讨论，亦不涉及商业秘密法定要件与算法互动。[③] 从如上3例可见，美国学者的研究现状对于"算法的商业秘密认定"这一议题而言，不可谓之"精"。

此外，就检索结果的排列顺序而言，亦能佐证美国学者对于算法的商业秘密认定未进行深入的论证。在如上所述的关键词检索中，除以上3篇，以关键词相关度为排序依据，剔除一篇主要讨论算法技术意义的文章，[④] 一篇是从企业管理视角讨

[①] *Trade Secret Protection*. 7 CT. UNCOURT 34 (2020).

[②] Jamillah Bowman Williams. *Diversity as a Trade Secret*. 107 GEO. L.J. 1685 (2019).

[③] Anupam Chander. *The Racist Algorithm*. 115 MICH. L. REV. 1023 (2017).

[④] Matthew J. Frankel. *Secret Sabermetrics, Trade Secret Protection in the Baseball Analytics Field*. 5 ALB. GOV't L. REV. 240 (2012).

论算法的商业秘密保护的文章，^①排名最高的是一篇发表于20
世纪90年代的文章，其主要讨论的是计算机软件的保护模式，
其中算法作为计算机软件的构成要素之一被提及，^②该文亦非
探讨算法如何借由商业秘密获得保护之专文。

综上所述，以收录国内重要法学期刊的"北大法宝"和收
录美国主要文献的"Heinonline"作为检索数据库，从文献本
身的表现可以得出如下结论——算法的商业秘密认定是在实
践上有需要、在理论上尚存空缺的研究议题。

---

① Andrew A. Schwartz. *The Corporate Preference for Trade Secret*. 74 OHIO St. L.J. 623 (2013).
② Vytas M. Rimas. *Trade Secret Protection of Computer Software*. 5 COMPUTER/L.J. 77 (1984).

第四节 研究创新

本书的创新点有二。

1. 提出商业秘密制度的双循环模型

商业秘密制度的基本框架是研究算法商业秘密认定的前置性问题，而目前的粗放式框架无法适配算法的商业秘密认定需求。我国学者大多着墨于商业秘密构成"三要件"（秘密性、价值性、采取保密措施）的独立属性研究，将美国、日本等国之实践直接套用到我国适用环境中，而无法对构成要件完成内部证成。即使能够在商业秘密作为知识产权的属性认定上进行深度探索，但是当商业秘密的诸要件共同发挥效能，即当商业秘密整体作为一个法定权利的衡量模型适用于特定的对象时，对于某一要件的单独认定研究则表现出供给不足的状态。此时，若要对一个特殊的对象进行商业秘密认定，对于商业秘密制度（或商业秘密构成要件）分别认定模式下的总体呈现而言，我国并无自成一体的研究范式。

基于此，本书的研究对象内在地包含了对商业秘密认定模型的构建和该模型对于算法这一自然对象的适用问题。本书尝试提出商业秘密法定构成"三要件"的内部双循环结构，以此为解释模型，对诸要件进行体系化的限缩解释，并予以内部证成。

2. 抽离算法之于计算机软件的关系

提出一种新的计算机软件解构范式，对算法本体进行析出，并在事实和规范层面分别进行定位。通常而言，算法是源自计算机领域的概念，是一种通过机器解决问题的方法，或曰一种"物理的思想"[①]，其本身不涉及法学问题。但是随着软件工业的成熟和大数据的应用，算法会在社会决策、人机交互等问题上引发了诸多伦理问题，这为法律进驻算法规制奠定了基础。

但是，法学界对算法的认定尚停留在法理、宪法意义的抽象层面，对于其本体研究尚未形成体系。截至 2021 年 8 月，从在"北大法宝"数据库的检索来看，无任何学术成果直接切入算法的本体。

本书研究的对象是算法的商业秘密认定，首先需要明晰算法的本体，才能基于本体进行下一步认定。笔者结合计算机软件相关原理和表征，尝试粗浅地勾勒算法本体的轮廓。就具体手法而言，从计算机软件的抽象结构入手：先探讨依据《计算机软件保护条例》规定的"源代码（目标代码）＋文档"结构在谈论算法的介入问题时的制度供给不足现象，再提出一种"源代码（目标代码）＋算法＋数据"之模型。尽管算法始终是抽象层面的内容，但是这一模型能够体现算法在计算机软件结构中的地位，将算法从计算机软件的扁平化结构中析出，使之作为一种独立存在——并以此为前提，讨论算法的本体，从事实、法律两个方面进行构建，以服务于本书的研究目的。

---

① Holland King. *Software Patentability after Prometheus*. 30 GA. St. U. L. REV. 1111 (2014).

第二章

算法的自然属性
及规范路径

第一节 作为事实对象的算法

算法并非天然的法学领域的概念。对于算法作为商业秘密的认定，实际上是由事实问题向法律问题的"转译"。算法长期存在于计算机科学领域，并在该领域进行了长期而富有创造性的深耕。其后，大型互联网公司裹挟着技术洪流冲击了原有的社会学、法律概念，算法作为一种决策机制、控制手段，受到了法学界的关注。

基于此，本书所讨论的算法概念天然地具有两重含义，即算法的事实层面的自然属性与抽象法律属性。厘清这两重含义，对于本书的研究具有奠定基调的作用，故首先需要将算法作为事实概念和法律概念展开讨论，再过渡到商业秘密的范畴，这是本研究的前提条件之一。

算法作为一种事实概念，[①]属于计算机学科范畴的概念。要探究算法的事实属性，首先要从计算机软件的结构谈起。从根本上来讲，计算机软件就是一种"接收一组数据，并输出一

[①] 法律概念是法律规范的建筑材料，其脱胎于日常生活的事实概念。参见张文显：《法理学（第四版）》，高等教育出版社2011年版，第66—67页。

组数据"的系统。[1]对于计算机软件的结构，以抽象与具象来区分，可以分为"源代码、目标代码＋文档"结构和"算法＋源代码、目标代码＋数据"结构。前者从实现层面的视角来看计算机软件的静态外观，后者从逻辑层面的视角来观察计算软件的动态运行。在这里需要说明的是，在"源代码"和"目标代码"之间使用顿号，并非指二者性状相同，可以混为一谈，而是二者相较于算法、数据而言，可以近似地被认为是同一类对象，因为二者的区别仅仅是基于编译器的转换。

1. 实现层面：计算机软件的具象结构

从具象角度来看，计算机软件可以表达为"计算机程序＋文档"，即"源代码（Source Code）＋目标代码（Object Code）＋文档"。[2]

（1）源代码与目标代码实为一体两面

源代码是程序编写人员按照一定的程序设计语言规范编写的人类可读文本。[3]程序员编写的基于文本的文档，[4]即程序员在人力编写程序时使用的某种计算机语言的汇编，是计算机软件的原始文件。就表达形式而言，可以书籍、磁带、光盘或

① 约叔华·A.克鲁尔、乔安娜·休伊、索伦·巴洛卡斯等：《可问责的算法》，《地方立法研究》2019年第4期，第102—150页。
② 根据《计算机软件保护条例（2013）》第二条的规定，本条例中所称的计算机软件是指计算机程序及相关文档。
③ 宋健、顾韬：《计算机软件侵权认定若干问题论述》，《人民司法》2014第13期，第83—87页。
④ 该概念源自美国老牌计算机专业论坛，2018年5月23日，最后访问日期：2021年7月1日，https://www.thecrazyprogrammer.com/2018/05/source-code-and-object-code.html。

（3）算法无法自我呈现

算法在如上结构中表现得不明显，其作为一种思想而被吸收于源代码、目标代码的编写和文档的配置中。甚至可以认为，算法在上述分类方式中根本无法自我呈现。事实上，本书认为如上静态、扁平的视角对于计算机软件的描述存在天然的缺陷，如某算法被应用于某计算机软件，则该算法将同时在源代码、目标代码和文档中体现，此时同一算法起码有三种不同的表达形式（文档并非指某一文本，而是多种流程图、数据图表、文本文档等的集合，甚至可以体现在代码的注解处）。该种分类方式源于《计算机软件保护条例》的法条文本，而该条例是依照《中华人民共和国著作权法》（以下简称《著作权法》）在版权体系中对计算机软件的解读制定的。关于其弊端，在此不做展开，下文详述。

2. 逻辑层面：计算机软件的抽象架构

从抽象角度来看，计算机程序的构成可视为一种立体结构。在动态视角下，可将其分解为"源代码及目标代码＋算法＋数据"的结构。三者的关系像是一个带有一根贯穿轴的近似球体，该球体的外壁并非光滑的，而是由不规则多边形的类蜂窝状结构构成。

就计算机软件整体来看，算法是该"类球体"的外壁，[①] 构建了整体逻辑和语序结构，其决定了计算机软件的运行逻辑

---

① 这样表述是因为算法体现为某种数据结构、调用关系，而计算机软件的架构总是线性的，即其关系并非圆润的弧线，而是细密的直线。从具体代码的组合关系来看，应当是由无数线段构成的，即类似蜂窝状但不相同的蜂窝结构。

和实现功能；源代码及目标代码是球体内部的实体内容，其逻辑序列和调用逻辑构成了计算机软件的实体内容。数据则是贯穿整个"类球体"的一根轴，从轴关于球体的三段位置来看，可以分为输入部分、输出部分和内部运算部分。[①]这也是计算机软件在实际运行中所涉及的三段式数据处理阶段，符合计算机软件"输入一组数据，输出一组数据"的核心本质。

该模型的构建以算法为核心结构，能够近似地表达计算机软件逻辑组成部分的相互关系。首先，算法是软件的整体框架，其决定了该软件的主要功能和实现方法。同时，算法并非单一模块，而是由多个代码段及其相互调用关系构成的，反映在如上模型中，算法表现为不规则多边形的外壁。另外，就程序员实际编写情况来看，在逻辑顺序上，通常是先有整体程序意图实现的功能设想，再有流程图、功能模块等算法安排。其次，源代码和目标代码是计算机软件的实体内容，也是其主要功能实现的载体，其编写遵循特定的约定语法和逻辑规则。球体的外壁与内容的关系即算法与源代码的实际关系反映了一种计算机行业的共识：某种算法与具体的源代码编写并非唯一对应，[②]即不同代码可以实现同一算法。

正如计算机行业巨擘罗伯特（Robert Sedgewick）所言，编写一段计算机程序就是通过实现一种已有的方法来解决某一个问题，这种方法大多与某个实际使用的编程语言无关——

① [印]Kartik Hosanagar：《算法时代》，蔡瑜译，文汇出版社2020年版，第66—69页。
② [美]Aditya Bhargava：《算法图解》，袁国忠译，人民邮电出版社2017年版，第117—134页。

它（此种方法）适用各种计算机系统及编程语言。[①]换言之，算法实际上是一个更为抽象的事实概念，是一种实现某种目的的方法，在计算机学科的意象体现为计算机程序。

最后，绝大多数算法的运行都要适当地组织数据。为了组织数据，就自然地产生了数据结构，这也是计算机学科研究的核心对象之一。数据可以是从现有数据库调用的，也可以是程序运行过程中产生的，还可以是经过计算机程序运算而产生的。[②]就计算机软件本体的运行实践来看，数据的输入与输出也是计算机学科所关注的核心问题之一，其无可争议——并可谓是"蒸蒸日上"的市场价值驱使商业秘密制度亦对其进行保护，《商业秘密司法解释》亦将数据视为技术信息的对象之一，但因其非本书的研究对象，故不赘述。

3. 交互层面：以机器解决问题的方法

通过如上计算机软件两个视角下的分类，本书意在阐述算法在计算机软件中的特殊地位，即算法是具体代码布置的前提条件，而非代码本身。以书为类比，从两种分类视角出发来表述一本书，它既可以是由文字和标点构成的，也可以是由作者的思想和（用于）表达思想的文字构成的。代码的编写文本即是书的文本，代码背后体现的思想便是算法。

事实上，在计算机软件的行业实践中，算法发挥作用的关键在于以有限算力实现设计者想要实现的功能，核心在于算

---

① ［美］Robert Sedgewick、Kevin Wayne：《算法》，谢路云译，人民邮电出版社 2012 年版，第 1—2 页。
② ［印］Kartik Hosanagar：《算法时代》，蔡瑜译，文汇出版社 2020 年版，第 130—139 页。

法的选择和布置——这也是程序性能优劣的分水岭。实际上，衡量某个程序的优劣，算法左右着其能实现的功能和为了实现该功能所要花费的算力——这通常与配套的硬件有关，在此不展开解读。在实践中，现代软件工业面对的主要问题之一是如何以算力在性能和效率之间寻找最优解，算法在其中的细微处起着至关重要的作用。作为解决问题或获得结果而采取的一系列明确指令，[1]算法构建的基本逻辑在于将某些大问题以计算机语言分解为小问题，这被称为"分而治之"。[2]若以如上模型分析，算法可以是类球体中任意点的链接（或者链接组）——只要此种链接遵循一定的计算机语言逻辑规范。相较于国内学者，[3]国外学者给予了算法本体更多关注，如富勒（Fuller）认为算法是完成给定结果的一步一步的程序、一种持续执行给定任务的方法；[4]金（King）认为算法是一种"思想的物理表现"。[5]在本书的讨论场域下，后者的观点更能显示出算法的双重属性——算法是带有思想的物理层面的

---

① 应明、孙彦：《计算机软件的知识产权保护》，知识产权出版社 2009 年版，第 52—54 页、第 98—101 页。

② ［美］Aditya Bhargava：《算法图解》，袁国忠译，人民邮电出版社 2017 年版，第 41—47 页。

③ 如有学者认为，在算法的时代，算法就是法律。陈景辉：《算法的法律性质：言论、商业秘密还是正当程序？》，《比较法研究》2020 年第 2 期，第 120—132 页。

④ Roland A Fuller Ⅱ. *Algorithm Patentability after Diamond v. Diehr.* 15 IND. L. REV. 713 (1982).

⑤ Holland King. "Software Patentability after Prometheus." Georgia State University Law Review 30, no. 2014(4): pp.1111-1150.

内容，也是一种通过物理表现实现的某种思想。

4. 小　结

综上所述，对于算法的事实属性，本书试给出如下结论：算法原本是一个无行业属性的概念，现代软件工业的发展与使用习惯将其限定在计算机软件范畴内。算法是计算机领域内解决特定问题的方法，其优劣体现于算力与效率的平衡。在逻辑层面，算法优先于源代码的编写和数据结构的配置，并通过源代码的编写得以自我呈现；在实现层面，算法被融入源代码并通过目标代码作用于计算机软件，并展现软件的具体功能；在交互层面，算法是一种基于物理手段实现的思想，亦是一种伴随特定思想的物理方案。

第二节　作为规范对象的算法

前一节讨论了算法的自然属性，本节的内容是讨论算法被纳入法律视野后的法律属性。不同于前文提及学界对于算法"重运行，轻本体""重规制，轻保护"的基本态度，我们需要在知识产权法的视角下，基于算法本体展开讨论。

在讨论之前需要重申的共识是，知识产权法奉行"权利法定"，[①] 通过设定法律上的禁止力，赋予权利人某些权利保护某种客体（对象）的根本目的在于鼓励创新，而不在于设立某一相对垄断权之本身。[②] 知识产权通过立法保护某些信息，但是其整体目的绝不在于保护某种具体的技术或者方法，而在于通过保护该客体，向公众传达鼓励创新的信号。这既是知识产权法区分于传统财产法的重大差异之所在，也是知识产权客体被称为财产权益的缘由：财产法通过物权的权属界定和物权转移规范的配置来维护经济秩序，而知识产权法通过类财产权（财产权益）的确认，以保护特定技术（以及背后的劳动和创

---

① 王迁：《论著作权保护刑民衔接的正当性》，《法学》2021 年第 8 期，第 3—19 页。

② ［日］富田彻男：《市场竞争中的知识产权》，廖正衡等译，商务印书馆 2000 年版，第 20 页。

新）的形式鼓励更大范围内的创新。[①] 在此不得不提的是，商业秘密制度究竟是属于知识产权法下的制度，还是广义的经济法——反不正当竞争法下的制度？对此，本书采取的基本态度是：不论从教义学层面对商业秘密制度如何进行解读，对于权利人或者说对于鲜活的经济世界而言，核心在于对权利人能够提供何种保护。本书的研究背景也提到，将商业秘密置于知识产权制度环境下讨论，与其讨论制度本身的体系化结构问题，不如更多地考量其能够为权利人提供哪一种保护——从本质上来看是哪种程度的保护。因此，对于算法保护而言，商业秘密制度是一种路径选择；对于商业秘密而言，将其认定为竞争法下或是知识产权下，亦只是一种路径选择。从实质来看，本节提及的所谓"共识"，目的在于强调商业秘密作为一种制度路径，不在于为了保护而保护，对于权利人而言，也不意味着获得了本项权利即可高枕无忧。在面临权利对抗时，本节的共识在于确立评价抗辩的基本精神，即保护权利，但不对某一方的权利进行倾向性保护。

对于算法的法律属性，论述的基调在于如何对计算机软件进行保护或是对其进行何种程度的保护，即算法的法律属性取决于知识产权法对计算机软件的保护方式。前文述及在我国现行法律环境下，计算机软件受到《著作权法》的保护，并且在《计算机软件保护条例》中被分解为源代码、目标代码和相关文档，这会使人在认识算法的法律属性时面对意料之外的

---

① 郑成思：《知识产权研究（第二卷）》，中国方正出版社1996年版，第14—17页。

困难——版权法的内生性障碍，这正源于版权法的基本原则之
一——思想表达二分法。

1. 算法之于版权规则的底层不兼容

从前述源代码、目标代码的构成来看，前者为人类可读之
高级编程语言，后者为机器可读之符号化指令序列。显然，这
在版权法视野下是一种"表达"，其特定部分只要满足独创性
要求即可认定为"作品"；[1] 从整个计算机软件来看，算法可
使计算机按照指定算法和数学运算实现特定目的，实现特定功
能，这种效能则应当被纳入"思想"的范畴。[2] 在此种保护范
式下，算法因为无法单独自我呈现，而被挤出版权体系。

（1）版权法作为计算机软件保护的基本路径

20 世纪 80 年代以来，以美国为首的计算机（软件）出口
国在全球范围内极力推销关于计算机软件的版权法保护模式，
各国陆续签订《保护文学和艺术作品伯尔尼公约》（以下简称
《伯尔尼公约》）和《世界版权公约》，它们作为软件工业
产业初期的奠基性文本，为计算机软件与版权保护模式奠定
了基调。[3] 以上两文件作为美国在世界范围内"推广"谈判的
重要抓手，伴随着进出口贸易进入了多个国家，最终以 TRIPs
协议和《世界知识产权版权条约（1996 年）》的签订为标志，

---

① 鉴于诸如电子游戏、短视频等新型作品在定性上尚存争议，本
书将讨论对象限定为版权法意义上的作品，不做细分。
② 朱谢群：《软件知识产权保护模式的比较——兼论版权与商业
秘密对软件的组合保护》，《知识产权》2005 年第 4 期，第
13—19 页。
③ Feist Publications. Inc. v. Rural Telephone Service Co. ,
499 u. s. p.69，(1991).

计算机软件在世界范围内被正式纳入版权保护的框架。[①]1991年，我国颁布《计算机软件保护条例》，确立了为计算机软件提供基于版权法的保护模式。

对于计算机软件之于版权法的保护路径选择，从立法目的和在全球范围内的推广路径来看，此种保护模式存在以效率为核心的维权便捷性，体现话语权强势方的优势地位。彼时，美国作为全球计算机软件输出国，在输入国的软件工业与美国尚且存在极大差距的背景下，其作为优势方首要防止的便是最具侵权便捷性、侵权可能性的抄袭行为。作为这一保护范式的拥趸及享有话语权的甲方，美国等软件巨头只需通过程序代码文本的表达比对即可主张权利。当然，此种保护模式对于彼时彼刻的社会环境和生产力水平而言，确实是效率最高也最能实现权利保护的，只是对于如今之发展情况，已稍显落后——至少在算法被《商业秘密司法解释》列明之前，此类比对模式无法为算法权利人提供任何保护——当然，若是对计算机软件进行简单的复制或是稍加编造，则版权法保护模式依旧畅通无阻。

此外，值得一提的是，此种司法实践早期的基于字面比对侵权认定模式对于我国司法鉴定制度的贻害不可谓不深。在我国相当多的涉及计算机软件的商业秘密纠纷中，或是基于历史习惯，或是由于个别司法官员的私下引导，司法鉴定几乎已经成为决定案件胜负的决定性证据。进行司法鉴定并基于鉴定结

---

① 例如，根据 TRIPs 第 10 条第 1 款之规定，计算机程序无论是源代码还是目标代码，均应根据 1971 年《伯尔尼公约》的规定视为文献著作即作品而受到保护。

论作出判决，似乎已经成了计算机软件类案件的基本裁判思路——这一结论来自本书的研究素材，检索路径请参见上文。然而，不难想象的是，若是算法能够自成一体被单独保护，那么至少在数量上，鉴定方式将不再是简单的文本比对，以两个程序的代码相似程度作为定案的关键依据之现象将不复存在，关于此点，后文将展开详述。

版权保护模式的基本原则是不保护思想，而仅保护表达。以至于论者认为，以版权法保护计算机领域内的思想，就等于"允许首先进入房间的人锁上房门，将其他所有人都拒之于门外"[①]。这种结论对于软件工业而言将是致命性的打击，关键表达式的不同将会导致整个程序彻底发生改变，而简单的比对方式，再加上司法鉴定在类似案件中的决定性地位，使得版权法的基本路径几乎封死了算法获得独立保护的可能。

（2）算法无法作为表达而被保护

对于本书所关注的算法而言，计算机工业的此种保护模式使得算法几乎丧失了独立存在的空间。算法作为一种通过计算机解决问题的方法，更多的是抽象层面的表达。从实践状况来看，要想让任一算法得以实现，必须通过源代码的编写及目标代码的转译才得以在计算机上完成相关功能。此时，鉴于计算机软件被纳入版权法体系，算法无法直接从"表达"的层面析出，对其的单独保护也就无从谈起，即凝聚着作者思想的所有算法仅能通过计算机软件的代码表现出来。而代码的成功与否，通

[①] 郑成思：《版权法（修订本）》，中国人民大学出版社 1997 年版，第 482 页。

常又与其所实现的功能挂钩。因此，作者的独创性劳动便经历了"思想—表达—思想"的过程。基于上述版权法的侵权认定思路，正是由于这种三重嵌套关系，使得对于表达层面的计算机软件代码的比对大行其道。对于相关制度把握不够深刻的诉讼代理人或许自以为完成了从思想（计算机软件功能）到表达（软件代码）的穿透，但是他们往往忽略了从表达到原始的思想（算法）的穿透。此类现象或许不只与商业秘密制度尚未在我国形成学派有关，本书认为这种现象的出现还进一步与司法习惯、思维惯性有关：在英美法系版权法理论中，工艺、系统、操作方法、技术方案等统归思想之范畴，[①]而我国的著作权体系由于与《伯尔尼公约》密切相关，也不保护计算机程序内的处理过程或任何数学概念，[②]因此，算法在版权法的基本精神的指导下被迫沉寂。

2. 算法突破版权法体系的失败尝试

在美国以版权为核心的软件保护史上，曾出现过为了保护开发商利益而突破思想表达二分法的案例，[③]但该案件被认为突破了版权法的基本精神而被推翻。

慧兰联合公司起诉加洛斯牙科实验公司等案件，指控诸如被告实施了对计算机程序的版权侵权行为。从在案证据来看，被告实际上是通过另一种计算机语言开发了一个与原告主张

---

① 王迁:《知识产权法教程》，中国人民大学出版社2019年版第6版，第55页。

② 《计算机软件保护条例》第六条。

③ Whelan Assocs., Inc. v. Jaslow Dental Lab'y, Inc., 797 F.2d 1222 (3d Cir. 1986).

的程序有类似功能的程序。宾夕法尼亚东区法院裁定原告慧兰联合公司胜诉，判决被告应当支付版权侵权损害赔偿金。随后该案上诉到巡回法院，巡回法官贝克尔（Becker）支持了地区法院关于实质性相似认定的结果，并认为"计算机程序的版权保护可能超出程序的字面代码，而延及其结构、顺序和组织（extend beyond programs' literal code to their structure, sequence, and organization）"。这被称为 SSO 标准，即计算机程序的版权保护依据从程序代码文本延至文本之外的思想——算法，本案原告即是基于这种思想作为其版权的权利依据，继而得以胜诉。

可惜，SSO 标准很快被两起判例肃清。嗣后，该案的判决被认为未考虑到版权法的权利限制，这对于版权法的基本精神而言是不可容忍的，于是该案很快被修正。1992 年，美国联邦第二巡回上诉法院判决的计算机协会国际公司诉阿泰尔案中，[1] 巡回法官沃克（Walker）认为重新编写的计算机程序的兼容部分与原计算机软件不构成"作品"的相似。此外，1996年美国联邦最高法院审判的莲花公司诉宝兰公司案亦被视为重量级的"正本清源"之案，[2] 该案通过确认程序中的菜单属于操作方法而不受版权保护，正式使计算机软件的版权纠纷回归到思想表达二分法的传统上。至此，算法在版权法体系再无突破之契机。

---

[1] Computer Assocs. Int'l, Inc. v. Altai, Inc., 982 F.2d 693 (2d Cir. 1992).

[2] Lotus Dev. Corp. v. Borland Int'l, Inc., 516 U.S. 1040, 116 S. Ct. 695, 133 L. Ed. 2d 653 (1996).

3. 算法作为软件工业强保护的抓手

鉴于莲花公司诉宝兰公司案系美国最高法院作出的判例，加之美国在软件工业具有极高的世界地位和不可掩饰的政治文化输出，该案所确立的基本精神在全世界范围内产生了深远的影响。

（1）计算机软件保护路径的溃缩

该案件虽然体现了司法观点在版权侵权案件中对于思想表达二分原则的回归，但从对计算机软件的保护来看，应当说是压缩了对计算机软件进行保护的路径，即只有通过对代码文本的表达之比对才能确认计算机软件的抄袭，而算法基于其抽象属性被界定为"系统、数学方法"，无法在计算机软件的保护中成为权利人主张其权利的依据。

换言之，版权制度无法对计算机软件提供更为周严的保护。学者郑成思早就意识到版权法对于计算机软件保护的致命缺陷，[1] 他认为如果只将版权作为保护软件的单一法律依据，那么"其他任何编程人员都可以轻易通过重新编写代码来模仿"相关软件的功能；美国康涅狄格州法官窦玛（Douma）撰文以"壳"与"核"来表述计算机软件的具象与抽象层面的关系，[2] 认为计算机软件的版权法保护模式使得开发商可以"肆无忌惮"地将他人软件中的创新思想据为己有，再以一层新的"壳"去挤占甚至"淹没"先权利人的市场，构成类似商标法上的反向

---

① 郑成思：《版权法（修订本）》，中国人民大学出版社 1997 年版，第 485 页。

② Eric Douma. *Fair Use and Misuse: Two Guards at the Inter-section of Copyrights and Trade Secret Rights Held in Software and Firmware*, 42 IDEA37. 154-156, (2002).

假冒。

（2）商业秘密保护模式的天然该当性

版权法的保护程度与计算机软件的特性之间的矛盾催生了计算机软件商业秘密制度的保护模式。对于商业秘密而言，某种信息只要符合法定要件，就可以获得一种法定的专有权利——哪怕此种专有权是带有瑕疵的——其核心在于对"三要件"的认定。"一旦承认法律有理由介入算法，问题的关键就是法律介入的标准和方式"。[①]这种切入方式超越了任何知识产权单行法的范畴，而是体现了法理层面上的正当性。在商业秘密制度的审视下，只要某项信息符合如上法定要件，就可以获得商业秘密制度的保护。

值得注意的是，所谓"信息"，其界分依据并不涉及版权法的思想表达二分法，也不要求专利法的绝对新颖性。对于计算机软件而言，算法即是其获得更高程度保护的抓手——只要某一信息能够满足法定构成要件,其本身究竟是思想还是表达，全然不在商业秘密制度所要考虑的范畴内。换言之，思想和表达的界分本身就不适用于商业秘密制度。何况思想与表达的界分并不容易，汉德（Hand）法官在审理尼克尔斯起诉环球影业案中曾说过，"思想与表达"之间的界限"没人找到过，也没人能够找得到"[②]。

---

① 陈景辉：《算法的法律性质：言论、商业秘密还是正当程序？》，《比较法研究》2020 年第 2 期，第 120—132 页。

② Nichols v. Universal Pictures Corp., 45 F.2d. 119, 120 (2d Cir. 1930).

4. 商业秘密制度作为算法保护径路

从慧兰联合公司诉加洛斯牙科实验公司案到计算机协会国际公司诉阿泰尔案，再到莲花公司诉宝兰公司案，基于算法的视角可以解读出两个关键信息，这也是算法作为知识产权法的客体对象所要认识到的关键问题。首先，对于计算机软件中的算法有保护的现实需求；其次，在版权法体系内，算法不能作为一种"表达"或是一种"表达形式"而受到保护。[1]根据《商业秘密司法解释》的规定，算法可以认定为技术信息，因此首要的任务是阐明算法作为技术信息的认定依据，或者说将算法从事实概念"转译"到法律概念。

不同于版权法需要保护区别于思想的独创性表达，算法作为技术信息的认定需要遵循商业秘密制度的司法认定范式。《商业秘密司法解释》规定，若某项信息需要满足秘密性、价值性、权利人采取保密措施之法定"三要件"，则该信息可以认定为技术信息，进而受到商业秘密制度的保护。

美国对于商业秘密的保密采取了专门立法的保护模式，1979 年通过的联邦《统一商业秘密法》（UTSA）和 2016 年通过的联邦《保护商业秘密法》（DTSA）及《反不正当竞争法重述（第三版）》构建了商业秘密保护的基本框架，美国联邦和各州对于商业秘密的认定方面亦不存在明显区别，[2]其要求如下：具有独立的经济价值，其价值源于不为人所知或者易

---

① 王迁：《知识产权法教程》，中国人民大学出版社 2019 年版，第 49—50 页。

② 傅宏宇：《美国〈保护商业秘密法〉的立法评价》，《知识产权》2016 年第 7 期，第 120—126 页。

于确定的价值，通过合理的努力维护其保密性^①。可见，对于商业秘密的认定而言，如上"三要件"的构建在全球范围内的立法例和学理观点中几乎不存在争议。^②

至此，算法完成了从事实概念到法律概念的转化。此时，对于算法本身的认定问题，从事实概念问题转化到了法律概念问题，其落点在于技术信息作为商业秘密的法律保护制度。

5. 技术信息应当是算法的规范落点

算法本身并非特定行业的概念，具体到知识产权法律视野中，其亦不存在一种天然的属性。例如算法既可以被认定为专利而被独立保护，又可以依存于版权体系受到附带保护。根据上文的论述，商业秘密制度是算法的最佳规范路径。基于此前提，技术信息是算法作为商业秘密受到保护的法律对象。需要说明的是，即使明确了算法受到独立保护是对计算机软件进行保护的手段，但是聚焦到技术信息时，应当回归商业秘密制度本身，通过对技术信息的说理得出算法受到独立保护的结论。

具体而言，技术信息是商业秘密制度的支柱之一，在事实对象范畴内，其可以是涉及技术的任意一种方案，但是作为规范对象，技术信息能否受到商业秘密制度的保护的核心在于对法定要件的认定。只有符合法定要件，某一技术信息才能受到商业秘密制度的保护。算法若要获得商业秘密之专有权利，首先应当完成的工作是对法定要件的认定。后文对于算法的诸

---

① Saban v. Caremark Rx, L.L.C., 780 F. Supp. 2d 700 (N.D. Ill. 2011).

② 笔者猜测，这可能与美国在世界范围内不遗余力地推广其知识产权周边产业及相关制度有关。

多属性的讨论，亦是站在这样的立场之上，为法定要件的认定而服务。

6. 小 结

算法本身不是某一特定学科的概念。在如今的时代框架下，通常将算法视作计算机软件的一种抽象意义上的组成要素，与数据、源代码（目标代码）共同构成一个逻辑完整的计算机软件。进一步地，当今的版权保护体系在应用于计算机软件时，从算法的视角出发来检视，出现了巨大的缺漏。囿于版权法的基本框架，在计算机软件的保护中，算法无法实现自身的独立。

前文明确了在商业秘密制度下，算法作为技术信息的保护进路，对于算法的观察视角应当置于技术信息的范畴——因为此时的算法不再只是单纯事实概念上的算法，而是权利人得以借技术信息保护其商业秘密专有权利的启动钥匙。在算法的商业秘密认定具体应用中，需要结合算法本身的诸多属性进一步细化。

第三章
商业秘密制度的
二阶层框架

　　从本书的研究目的来看，若要探究算法的商业秘密认定路径，首先应当处理的问题是算法作为技术信息在商业秘密制度认定中的基础路径，换言之，需要解决的前置性问题是商业秘密本身的认定问题。我国的商业秘密制度总体来说尚未达到制度完备的程度，对审理模式本身亦无明文规定。对于算法所在的"技术信息"的认定，目前司法机关普遍采取的侵权认定模式均来自司法实践的经验。司法机关基本遵循审理其"上位概念"商业秘密的基本思路。[1]一般来说，首先，应当由权利人证明其主张的相关内容符合商业秘密的构成要件，[2]其次，再依据"接触＋实质性相似"的审查思路确认，最后，若被诉侵权人无证据证明其合法来源，则告侵权成立。[3]这是一种典型的知识产权的"确权＋侵权"的认定思路，司法实践中存在认定和推定两种审理的基本步骤，但是无论何种思路，对于商业秘密本体的认定均是前置性任务。在理论上，目前尚无学者提出一种自洽的、内生的商业秘密制度理论架构。对于此，本书使用一种外在和内生结合的、刚柔并济的商业秘密制度评价机制，为算法进入商业秘密制度提供基本运行逻辑。

---

① 宋健、顾韬：《商业秘密知识产权案件若干问题研究》，《法律适用》2010 年第 C1 期，第 157—162 页。

② 顾韬：《关于侵害技术秘密纠纷案件审理思路及方法的探讨》，《电子知识产权》2015 年第 12 期，第 3—21 页。

③ 孔祥俊：《反不正当竞争法新原理·分论》，法律出版社 2019 年版，第 412 页。

第一节 刚性：商业秘密认定的基本构造

要确定算法商业秘密认定的基本构造，应当回顾商业秘密制度本身。相较于通常意义上的某些技术信息的商业秘密认定，算法存在诸多特殊性，但是在将其特殊性放置于商业秘密制度予以检视之前，首先需要明确商业秘密认定的一般规则。商业秘密认定的基本构造包括内在与外在两方面，具体而言，包括外在的具体内容明确性和内在的构成要件符合性。

1. 商业秘密制度的权利定位

根据《民法典》第 123 条，商业秘密成为一种具有法律背书的知识产权客体，是一种专有权，[①] 亦是一种权利。[②] 不同于日本《不正当竞争防止法》采取的"持有人"的规定，[③] 自

---

① 最高人民法院民法典贯彻实施工作领导小组：《中华人民共和国民法典总则编理解与适用》，人民法院出版社 2020 年版，第629 页。
② 姚建军：《中国商业秘密保护司法实务》，法律出版社 2019 年版，第 9 页。
③ 日本《不正当竞争防止法》借鉴德国《反不正当竞争法》的规定，于第二条第一款第四项规定禁止以盗窃等不正当手段获取商业秘密的行为。同时，对于商业秘密的主张主体采取了类似德国"持有人"的表述，而非"权利人"。

1993 年《反不正当竞争法》颁布以来，我国对于商业秘密的持有人始终采取"权利人"表述。此外，《反不正当竞争法》对于侵害商业秘密的行为的设定既包括违约行为，又包括侵权行为。可见，商业秘密在我国法律上实际是一种权利，更是知识产权法意义上的设权性权利，无法律规定则无权利。2017 年，《民法总则》（已废止）的颁布终结了多年来对于商业秘密法律属性的争论，正式为其赋予知识产权客体的法律地位，作为一种有明文依据的知识产权客体，商业秘密显然可被视为一种权利。

就表述而言，究竟是采用习惯上的"商业秘密"四字之说法，还是采用正式宣示权利的商业秘密权的表述？本书认为应当遵从习惯。鉴于我国的通行说法并未使用"商业秘密（权）"的表述，在实践中商业秘密在此二重意义上实际是在某种程度上混用的，即"商业秘密"既是一种信息，又是一种知识产权权利。在商业秘密已经被立法者规定于《民法典》的前提下，即使在表述上继续沿用"商业秘密"，在司法和立法上也不会造成误解，基于此，本书亦是在商业秘密权利的意义上使用"商业秘密"。

2. 外在的具体内容明确性

若某项技术信息想要获得商业秘密制度的保护，权利人的首要任务就是明确其具体内容。同时，就商业秘密案件审理的经验来看，通常通过秘密点以明确相关信息范围，[①] 本书将其称为权利人权利依据的最小元单位。湖北省高级人民法院在审理武汉蓝星公司起诉李正、冉龙波等著作权权属、侵权及不正当竞争纠纷一案时认为，技术信息是指具有具体内容的技术方案，证明技术信息的存在就是证明技术方案的具体内容。技术方案应该具有相对明确的内容，并以一定形式呈现。[②] 对于算法而言，作为一种通过计算机解决问题的方法、一种以物理方式呈现的思想，[③] 明确算法外在的具体内容本身存在一定的难度。权利人在主张权利时，并不知何者为商业秘密意义上的秘密点而将相关软件的功能、效果作为算法的秘密点——算法本身的特性使得确权存在一定难度。

对于算法来说，由于其本身的性质在于解决某种计算机软件中的技术问题，故而容易被不明法理的权利人主张秘密点为部分功能。就算法作为技术信息主张权利而言，即使其能实现某种功能，但是从侵权案件的审理角度，功能并非可以借以主张权利的依据，而应当列明算法本体之具体内容。

3. 内在的构成要件符合性

算法的技术信息认定之所以得以从一个复杂的事实问题转化为可操作的法律问题，关键在于某种信息是否具备商业秘密

---

① 宋健：《2019 年〈反不正当竞争法〉第三十二条对侵害商业秘密案件审理思路的影响》，《中国专利与商标》2020 年第 4 期，第 15—31 页。

② 湖北省高级人民法院（2017）鄂民终 244 号民事判决书。

③ Jamillah Bowman Williams. *Diversity as a Trade Secret*. 107 GEO. L.J. 1685 (2019).

的法定构成要件。权利人欲通过商业秘密制度获得知识产权法的专有权，除了需要明确相关信息的具体信息，还应当证明该信息符合《反不正当竞争法》规定的秘密性、价值性、采取保密措施"三要件"的要求。

商业秘密制度确立之初，信息的抽象性是商业秘密能否进入知识产权客体范畴的影响因素之一。曾经试图证成商业制度正当性的"财产说"认为，某一信息既然不限于有形形态，只要能够为人所支配，就可以被视为商业秘密。显然，这一认知忽略了其客体本身的内在要求。一种驳斥"财产说"的有力观点认为，商业秘密如若只有财产属性这一正当性基础，则无法解释商业秘密制度的通行"秘密性"与"保密性"要求。[1]换言之，商业秘密的秘密性与保密性是制度本身存在的内发性基础。这一要求经由美国在世界范围内的强权外交和推销兜售，已经成为包括我国在内的绝大多数国家的商业秘密法定构成要件的要素。

《反不正当竞争法》是我国商业秘密制度的文本依据，从历代版本来看，秘密性、价值性和采取保密措施始终是某一信息获得商业秘密制度保护的法定构成要件。值得注意的是，1993 年《反不正当竞争法》曾提出实用性的要求，彼时价值性和实用性挂钩，但在 2017 年修订《反不正当竞争法》时，二者脱钩。通常法院在审理相关案件时，均将价值性、实用性表述为竞争优势、竞争利益，这一表述模式在 2017 年修订《反

---

[1] 黄武双：《商业秘密的理论基础及其属性演变》，《知识产权》2021 年第 5 期，第 3—14 页。

不正当竞争法》前后均无更改。这一现象在理论上可以进行有层次性的解读。宏观来看，立法者对于价值性的认识处于静态，而司法者则处于动态。从静态观点来看，价值性和实用性是对某一商业秘密本体的表述，其深度逻辑为：某一技术信息正是因为其本身兼具市场价值和效用价值，才有法律保护的必要，故而彼时《反不正当竞争法》提出了价值性和实用性并行的要求；而从动态观点来看，竞争利益是某一商业主体在市场竞争中的核心因素，即此种价值被抽离出来，借助《反不正当竞争法》的体系性优势表述为竞争利益，是为商业秘密制度背书之一。若他日商业秘密独立立法，此种体系优势可能因脱离《反不正当竞争法》而无法继续维护解释论之周全，届时应该坚守价值性的表述，但是应明确其内核应当为市场价值、相对价值。结合商业秘密法的立法基础，有的法院在比较二者适用问题时认为，时至今日，1993 年《反不正当竞争法》"并无实质性变动"也就不足为奇了。[①]

4. "双轨制"侵权认定范式

对于商业秘密纠纷案件的审理步骤，我国并无法律明文规定，但是在该制度发展和本土化的过程中，以江苏法院为代表的司法机关做了探索性的总结：第一步，确认权利人借以主张权利的信息满足法定构成要件；第二步，审查被告是否实施了侵权行为；第三步，在被告构成侵权的前提下，认定被告应当

---

① 北京知识产权法院（2017）京 73 民初 19 号民事判决书。

承担的责任。[①]可见，这一审理思路是典型的知识产权"确权—侵权—责任"审理链路，[②]换言之，商业秘密的制度基础即使在理论上存在诸多争议，但是在实践中其一直被视为知识产权客体对待。事实上，司法实践形成了以"正向认定"为基础和以"反向推定"为补充的侵权认定之双轨认定思路。

（1）正向认定之侵权认定范式

所谓"正向认定"，即"接触＋实质性相似—合法来源"。具体而言，原告应在证明某一算法构成技术信息的基础上，证明被告曾接触过相关信息，且被告使用的算法与原告的构成实质性相似，同时，被告无法提出有效的诸如独立研发、反向工程等合法来源之抗辩。所谓"实质性相似"，虽然法律无明文规定，但可以借鉴相近领域相对成熟的比对标准来定位商业秘密制度的比对标准和判断原则。与之相近的标准有二，分别为专利领域比对中的"等同"标准和著作权领域比对中的"实质性相似"标准，就本书所讨论的算法而言，应当适用专利领域的"等同"标准。[③]

深圳市商讯网信息有限公司起诉尹辉等侵害商业秘密纠纷案是涉及算法商业秘密保护的早期典型案例。该案涉及的相关技术信息为"实现算法和数据处理的核心模块"及"在加工处理过程中内部的协议或技术标准"。经法院释明后，原告将其

---

① 江苏省高级人民法院：《侵犯商业秘密纠纷案件审理指南》2021 年修订版。
② 广东省深圳市龙岗区人民法院（2018）粤 0307 民初 4813 号民事判决书。
③ 北京知识产权法院（2017）京 73 民初 19 号民事判决书。

主张权利的对象进一步明确为四个具体的技术秘密点。法院在评述案情时遵循了"原告主张商业秘密的内容—原告对涉案信息采取保密措施的情况—被告接触涉案技术信息比对情况"的思路，并将本案的争议焦点归纳为：①原告主张的涉案技术信息是否构成商业秘密；②被告尹辉和被告张燕能否接触到原告赢销宝 V1.0 软件的源程序；③在无法进行源程序比对的情况下，现有证据能否合理推定被诉"E 销通"软件构成侵权。可见，就审理思路而言，关于是否接触和是否构成实质性相似的认定是本案纠纷的认定关键，也是所谓"正向认定侵权"之审理范式。

（2）反向推定之侵权认定范式

反向推定的侵权认定是极富计算机软件行业特殊性的一种认定思路，是指在遵循基本的举证责任分配的前提下，并不恪守前述正向认定，而是通过在案证据并结合证据规则进行侵权推定。此种认定范式中，"行业惯例""行业习惯"起到了极大的作用。

在珠海仟游科技有限公司等诉徐昊等案中，[①] 原告主张其技术信息为"'帝王霸业'游戏软件源程序及相关文档"，具体是指软件名称为"帝王霸业"的游戏源程序和文档。[②] 该案

---

① 广东省高级人民法院（2019）粤知民终 457 号民事判决书。
② 需要说明的是，虽然本案争讼信息为源程序及文档，并未直接体现算法。但是基于前文的论述，本书认为算法与源程序及文档的关系实为一体两面，至少在审理逻辑上二者不应存在较大的区别。而且，若该案起诉时，《商业秘密司法解释》已发布，原告没有理由放弃将算法作为主张权利的依据之一的权利基础。

中，法院认为原告应当证明相关信息符合商业秘密的要求，还需要举证被诉服务器源代码与"帝王霸业"游戏服务器源代码构成实质相同、被告不正当获取或者使用涉案商业秘密。可见，此时的侵权认定逻辑实际上是"不正当获取＋实质性相似"。这与前述"接触＋实质性相似"的正向认定思路在本质上都是关于论证事实的接触，但是存在前见性的差异，前者需要证明侵权行为本身即为不正当，而非正当获取后不正当使用。后者存在一种心证上的推定，这对于最终侵权与否的认定起到了方向性的指导作用，故而本书认为这是一种补充性的侵权认定范式。

在前述"帝王霸业"案中，法院认为基于行业经验，此类游戏从开发至上线运营，往往需要历时十二个月。本案原告投入一年多时间进行涉案游戏的开发，亦能说明此点。而在本案中，从被告的成立时间及被诉游戏上线运营时间可推算出被诉游戏开发历经时间，该历经时间与行业经验相比明显较短。同时，从行业惯例来看，在游戏软件源代码开发过程中，源代码由多名程序员分工合作完成，并被统一保管于某一服务器，或由管理软件统一管理，以实现储存内容、记录创作过程及修改时间等功能。直至游戏上线运营，游戏公司仍会以某种方式完整地保管游戏软件源代码……而本案被告无正当理由无法提供其源程序及文档，在源程序无法比对的情况下，法院绕开实质性相似的认定，认定被告侵权成立。

总体来说，算法的商业秘密认定中的特殊性在于其穿插着行业惯例和算法自身的属性尚未形成司法经验，而侵权与否的最终认定又与知识产权法的整体立法目的存在千丝万缕的联系，对各种细节的处理则落入审理法院的具体把握，以上引发了实践中的若干问题。本书的研究工具便用于讨论算法的诸多属性带来的认定影响。

5. 小　结

商业秘密作为一种知识产权客体，基于法律的背书被确立为一种毋庸置疑的权利。算法的商业秘密认定需要遵循两条基本的思路：一是外在的具体内容明确性。实践中，法院通常要求权利人通过秘密点的形式说明相关信息的具体内容。对于算法而言，常见的误区是：算法本身与软件源程序的竞合属性使其无法为人直接可视，而权利人无法区分算法功能与本体。二是内在的构成要件符合性。算法作为一种非法律范畴的自然对象，只有在法律规定的商业秘密法定要件所构建的范畴内，才能作为权利人主张权利的内涵，也只有在此基础上，才可谓外延。

第二节 柔性：商业秘密诸要件的钳制结构

在算法的商业秘密侵权认定中，即使存在"正向认定"和"反向推定"两种侵权认定范式，商业秘密的认定始终是先决条件，只有明确了某一算法能够构成商业秘密，才能进一步讨论侵权与否的问题。就算法的商业秘密认定而言，即使算法的本体性质存在特殊性，但是其作为法定的知识产权客体之对象，应当在满足法定要件的基础上主张权利。换言之，法定要件是事实上的算法转化为法律上的"技术信息"之"转译器"。在将算法放置于商业秘密制度评价体系之前，应先行审视商业秘密制度本身的诸多要件，分析相关要件的内容及相互关系，通过构成要件要素这一评价工具进一步拆分法定要件，旨在为算法的商业秘密认定提供一种制度框架和评价标准，以便司法实践进一步为算法的商业秘密认定完成理论储备。

商业秘密诸要件的钳制结构理论可以解答以下问题：为何商业秘密的秘密性不要求具备如同专利的新颖性？为何"实用性"一词在修订《反不正当竞争法》时被删除？为何不需要对保密措施提出绝对意义上的效果要求？换言之，该钳制结构即是对我国商业秘密制度在解释论上的重构，以作为算法诸属性在接受商业秘密制度检验之前的逻辑准备。

1. 钳制结构隐藏于并列关系

商业秘密制度对于算法的审视要回到"信息"这一基础物理要素上。商业秘密是一种知识产权权利，必然固守知识产权权利法定的特性，其权利边界是由法律条文明文规定的。[①] 根据《反不正当竞争法》的规定，某一信息若要成立商业秘密，应当满足价值性、秘密性、采取保密措施三个法定要件。此时，如上"三要件"的关系在法条中显然是并列的，进一步理解，"三要件"在地位上是相互平等的，在性质上是相辅相成的，在效能上是相互钳制的。

（1）"三要件"的并列关系：正向相互证成

根据《反不正当竞争法》，商业秘密的三大构成要件之间呈并列关系。基于经验法则可以想见，首先，只有当相关信息具有价值性能够为市场主体带来经济效益，权利人才有采取保密措施的必要，才有维持其秘密性的主观愿望；其次，由于秘密性的存在，一定范围的公众无法知晓，相关信息才在市场上具有特殊的竞争优势，即能够转化为商业价值——这才使得权利人愿意投入成本和精力采取相关措施；最后，采取保密措施是权利人为获取法律保护做出的努力，其具体措施选择与取舍也与价值性、秘密性呈密切的正向相关。

可见，商业秘密"三要件"的关系在并列的基础上，内嵌相辅相成的结构，这一结构虽然未在制度设计时直接载明，但

---

① 王迁：《论著作权保护刑民衔接的正当性》，《法学》2021 年第 8 期，第 3—19 页。

是在解释论上明晰这一结果，有助于对商业秘密制度进行一体化评价。对于理解商业秘密法定要件之要素而言，更为重要的是，法定要件相互之间的正向关系的背面，实际上暗藏着另一层钳制关系。而钳制关系的存在，即是对商业秘密基本原理在解释论上的重构。

（2）"三要件"的钳制关系：逆向相互证成

从另一视角来看，法定"三要件"的钳制关系也可逆向相互证成各自的地位。所谓"'三要件'的钳制关系"，是指在较之构成要件的更小一个维度——构成要件要素的认定中，须首先明确构成要件要素的范围，才能对构成要件要素作出天然的、不言自明的、无须其他背书的内在限定。之所以以钳子作比，原因在于，钳子的两个钳嘴是对称且并列的，但是此二者合力的效能却能产生一个限缩的力，这就类似商业秘密"三要件"的结构——在排列上三者并列且平等，但是三者合力却能产生一种向内收缩的力，进而削弱相互之间的作用力。

如图 3-1 所示，以价值性为起点的第一个循环，形成了"价值性绑定于秘密性——秘密性促使保密措施作出——保密措施补强价值性"的完整链路。该第一循环为整体的钳形结构提供了内在的支撑力。从外向内看，以秘密性为起点的第二个循环则为"三要件"提供了另一股相互制约的力，该链路以秘密性为起点，其链路为"秘密性在商业竞争优势上带来了价值性，市场交易的成本—收益考量限制了权利人能够采取的保密措施，采取保密措施亦在权利人主客观统一的情形下维护了秘密性"。

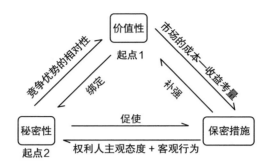

图 3-1　商业秘密法定要件的双层循环示意图

价值性是国内学者研究商业秘密制度的起点。[①]第一个循环的论证亦从价值性入手。商业秘密制度所要求的价值性在《反不正当竞争法》语境下（这也可能是商业秘密置于《反不正当竞争法》中的体系优势），通常被表述为"竞争优势"，因此对于价值性的考虑势必要结合市场行为。在市场交易中，稀缺即为价值。可以想象，这是一种具有市场价值且在市面上仅有有限市场主体知晓的信息。此时，若存在一些市场主体愿意为其买单却不具有实用性的信息，显然无法通过经验法则的检验，故而不论此时的"实用性"是一种事实评价还是法律概念，都将成为价值性的下位概念。换言之，出于对法律条文的精简需求，既然对上位概念已经作出规定，那么删除下位概念中的冗余部分，实际上可以视为在逻辑上进行了更为清晰的梳理和简化，如多年来不少学者将价值性和实用性合一论证，此次删除亦未引起理论争议。

---

① 张玉瑞是我国研究商业秘密制度的先行者，其认为价值性是商业秘密最主要的属性。张玉瑞：《商业秘密法学》，中国法制出版社 1999 年版，第 152 页。

《反不正当竞争法》所称的"权利人采取相关措施"通常被表述为"保密性"，但是实际上保密措施本身并不具备法律评价层面的属性。其作为一种生活事实被法律所认可和规定，成为一种法律事实，被冠之以"保密性"的称谓，可能是出于性质表述上的口语便利性。但是，本书认为，《反不正当竞争法》所称的"采取保密措施"被表述为保密性的内涵在于，在基础逻辑上隐晦地提出了对于保密效果及保密程度的要求。此时，秘密性要件发动其钳制效能，既然秘密性不要求专利在新颖性意义上的绝对性（在此需要先假定这一标准成立），那么，对于相关措施的要求则不需要苛以绝对有效性，此时《商业秘密司法解释》所要求的"正常情况下足以防止"相关信息泄露则顺理成章。此外，价值性体现出来的竞争优势是一种相对优势，而非绝对优势。这对于保密措施的要求亦存在一种逻辑上的降格，采取保密措施不需要亦不可能达成市面上绝对意义的优势，因此对保密措施的认定需要进行主动限缩。基于此，《商业秘密司法解释》要求权利人采取"相应"的保密措施，且在一般情况下足以防止相关信息的泄露。

秘密性是近年来学者研究商业秘密制度的重点。学者们对于秘密性不等于专利的新颖性已形成了共识，那么为何会得出如此结论呢？通过如上的钳制关系论，我们能够在解释论的基础上构建出严密且周全的论述。采取保密措施作为一种权利人在主观上做出的努力，单个主体的努力不可能从细分市场辐射到整体市场（即使假定这一措施能够在细分市场有效施行），在网络化经济大行其道的商业社会，要求这一保密措施保持绝对性亦如天方夜谭。显然，保密措施的天然有限性制约了认定秘密性的地域范围，并且根据地域范围推导出了行业范围等细分范畴。对于秘密性的覆盖范畴，即使价值性恒定不变，法律也不应当苛求单一主体为获得一种权利的保护而做出显然不可能的行为，此时，在商业秘密认定中的秘密性要求相应限缩，从往昔对新颖性的误读表现为如今的相对的秘密性。

综上所述，商业秘密的价值性、秘密性、采取保密措施"三要件"在相辅相成的基础上，亦在自身体系内对各要件进行了钳制，这种钳制结构分别对诸要件提出了不同维度的要求，而此种钳制结构在算法的商业秘密认定中，将会起到至关重要的作用。

2. 价值性推定与实用性之废

1993 年《反不正当竞争法》对商业秘密的认定提出了实用性和价值性的要求。本书认为，二者是对于同一信息一体两面的评价：在绝对意义上，某一信息具有效用上的实用性；在相对意义上，这一信息又需要满足市场活动中的交换属性。二者归结于商业活动之实体，即在商业竞争的环境中，二者实现竞合式发展。商业秘密作为一种信息，本质上是市场主体在商业活动中的生产资料——在对象意义上，商业秘密不需要法律制度为其做存在论的背书。知识产权法的任务是在权利结构上，为权利人赋予一种禁止力——实质上是设定一个权利，为其排除妨害，维护其应有的市场竞争优势——这对于市场结构而言是一种秩序，对于需要援引法律的权利人而言则是一种优势维护手段。

（1）商业信息存在天然的价值性推定

在纯粹的市场竞争条件下，实用性是包含于价值性概念之下的，故而商业秘密制度出于一种"法律"的高度，应当接受并尊重这种现状。虽然技术信息对商业秘密制度提出的迫切需求催生了商业秘密制度，但不能否认其他种类的信息也需要法律的保护，因为不论是何种信息，知识产权法的审视目光只在于鼓励创新。在这种视角下，价值性不是规范意义上的法律属性，而是法律对市场价值的"援引"，只要具有市场价值的信息，就不应当被踢出商业秘密的保护范围。申言之，价值性是一种超法律的属性，其渊源是法律之外的市场交易生活。这种渊源在法律规范的视野内，则是一种不言自明的推定。

（2）实用性包含于价值性范畴内

此外，实用性也是一种超法律的概念。以法律之外的目光审视，很难表述一种市场经济视野下的信息是否具有实用性——尤其是如何证明一种信息的实用性。价值性是一种随着市场升级而变动的标准，其本身在不同社会发展阶段有不同的表现形式与认定观点，倘若在价值性之外再设定一个同样难以被规范化的实用性，则为实现商业秘密制度的制度目标平添了麻烦。进一步地，将实用性限定在某一信息的物理层面，使之形成与价值性相对的一种"狭义价值性"，似乎可以在稳定性上找到一些论据，但是这样的解释依然无法改变价值性在逻辑层面上对实用性的包含和涵盖关系。

不论立法者在 1993 年《反不正当竞争法》对实用性的规定是否受到了政治因素的影响，司法者对于实用性的要求始终没有超出价值性的内涵，很难想象，能够吸引侵权人悍然违法的信息（在目前我国所处的经济发展阶段）是一种具有市场价值但是不具有实用性的信息，这在逻辑上也无法通过经验法则的检验。因此，与其说对"实用性"的删除是一种排除，不如说是对彼时认识不足的纠错。

3. 秘密性认定的数个参考系

基于前述钳制关系理论，秘密性作为一种法定要件，其受到了内部的范围限制和内生性的效能钳制。这种钳制关系需要用一种更为细化的评价序列才能表述（就商业秘密制度而言，构成要件已然是最小单位），而商业秘密制度乃至知识产权制度在解释论上显示出一种制度供给不足的现象。故本书借用刑法领域的概念——构成要件要素进行讨论。

（1）地域在秘密性认定中的地位

对于秘密性的细化，不论是学界还是司法界，没有争议的是应当将其限定在"相对的秘密性"上。早在 20 世纪，我国法院就已经承认秘密性的第一种参考系，即商业秘密的地域性。[①]司法实践中通常认为，某项信息即使在域外已被人知悉，但是在国内处于领先地位且不为人知晓的，其秘密性认定不受影响，应当成立商业秘密认定。但是随着网络社会的发展，绝

[①] 广东省汕头市中级人民法院 (1996) 汕中法经二初字第 16 号民事判决书、河南省高级人民法院 (1998) 豫法民终字第 12 号民事判决书、浙江省金华市中级人民法院 (2000) 金中经终字第 132 号民事判决书。

对的地理范畴已经模糊，尤其是涉及算法这类软件工业中的重要要素，对于知悉范围的地域范畴是否需要修正应当结合算法的特殊性予以认定。

在秘密性的构成要件要素方面，地域性是一种前置的区分性要素，以此为基础，秘密性认定的参考系自然得以扩充，这亦是一种超法律层面的扩张，如基于地域性而产生的特殊交易习惯界分、不同行业间的区分。对于算法的商业秘密认定而言，需要考虑行业范围的不同是否会导致秘密性认定标准的不同。进一步地，在同一行业、同一交易习惯下，秘密性的参考系得以进一步细化，需要考虑更多构成要件要素，如知悉的主体范围、知悉的程度等。在如此精细的层面下进行细分，通过对构成要件要素的判断，才能在总体上对秘密性要件进行第一层面的考量，继而进入第二层面的审视。

（2）秘密性构成要件要素的细化

所谓"第二层面"，是指《反不正当竞争法》规定在商业秘密的秘密性认定中，需要考虑"不为公众所知悉"和"不易获得"这两个要素。此时，"不易获得"亦是一种构成要件要素。在算法的语境下，如何考虑对"不易获得"的认定，以及如何理解"不为公众所知悉"与"不易获得"的关系，均是在秘密性要件认定时需要逐个考虑的问题。

就商业秘密的秘密性认定而言，除了《反不正当竞争法》直接规定的"不易获得"和"不为公众所知悉"的要件要素，还需要将知悉的地域范围、行业范围，以及知悉的主体、相关主体的知悉程度等视为更为细化的"参考系"，得出这些因素在参考系中的综合认定结果，才能最终服务于商业秘密的认定。对于本书所研究的算法，这种细化更有必要，因为算法是一种正在进行时的（尚未完全勃兴）新事物。对于其商业秘密的认定，首先要完成对商业秘密制度的彻底剖析，才能将算法置于诸多参考系中进行法律评价。

4. 保密措施认定的效能标准

根据《反不正当竞争法》，某一信息若要获得商业秘密制度的保护，权利人应当采取相应的保密措施。

（1）保密措施要件的认定模糊

对于保密措施的认定，核心在于对"相应"二字的理解。《商业秘密司法解释》第五条第二款列举了载体性质、商业价值、可识别程度等作为相关保密措施的认定参考因素，但是这并没有正面解释何为"相应"。是与经济发展水平相应，与市场通行标准相应，与市场价格相应，与权利人自有资源相应，还是与法律要求相应？或是与其他任一抽象的标准相应？根据文义理解，以上诸多标准均可能成为该保密措施的标准——《商业秘密司法解释》第五条的规定在如上范畴内均可适用，但是这显然无法达成司法适用的普适性，为此，需要在钳制结构理论下，合理把握构成要件的效能标准。

（2）保密措施要件的评价工具

本书采用"质"和"量"及其关系作为保密措施的评价尺度。所谓保密措施的"质"，是指该种（系列）措施在多大程度上能够限制相关信息的传播，需要考虑主观和客观相结合的规范事实；"量"是指这些措施的客观表现及通常情况下的限制性外观。故而"量"与"质"存在一种递进关系，应当在逻辑上先分析量，再进行"质"的考虑，如价值性的超法律性。保密措施本身亦不属于法律规范视野内的概念，能够被商业秘密制度承认的保密措施，其限度受到了价值性的客观性和秘密性的相对性对其的钳制，即在保密措施的"质"上，需要根据秘密性的诸多参考系进行精细性调整；在保密措施的"量"上，需要根据价值性的内在经济性核算要求。此外，保密措施的"质"与"量"亦存在互动，其互动的节点即保密措施认定的核心，这些构成要件要素需要结合特定的对象进行具体的分析。

5. 小　结

商业秘密制度需要一种自内而外的逻辑该当性。在某一信息满足了刚性的构成要件之后，需要以柔性的目光审视诸要件之间的内部关系。在钳制关系下，商业秘密诸要件的关系是在相辅相成基础上的相互钳制。所谓"刚性标准"，是指相关信息在明确秘密点的基础上符合法定要件的要求；所谓"柔性标准"，是指在适用法定要件时，需要对法定要件做进一步解释，并依照内在的解释逻辑为相关要件的限缩适用提供说明。

第四章

算法在商业秘密认定

中的具体考量

厘清算法的事实概念及规范路径的目的是明确其在相关诉讼中的位置，明确技术信息通用审理思路与算法的特殊性的关系的目的是认识算法作为技术信息保护的应然路径。尽管2020 年颁布的《商业秘密司法解释》首次将算法明文列为技术信息之一，但是关涉算法的侵权纠纷在实践中早已存在。可见，算法成为商业秘密纠纷的对象的根本原因在于实践需要，而非法律文本的设权。

进行本章讨论以前，需要重申的是《商业秘密司法解释》将算法规定为技术信息的意义所在。本书坚持的观点是商业秘密制度作为一种法条依据，是权利人主张权利、排除侵害的制度选择之一。而此前，我国为其提供的制度路径是版权法。

通常，在源程序泄露案件中，权利人通过"作品—版权法"这一路径主张权利，此时相关文本的比对几乎是权利人主张权利的唯一路径。权利人需要主张相关程序代码、文档构成计算机作品，此时需要满足作品意义上的独创性要求，这对于某些软件来说存在一定的障碍。因为版权法的理论依据在于作品能够给读者以某种"美"的享受，正如当年版权法将计算机作品规定为法定作品之一时，反对者一大主张就是认为读者无法直接从一些计算机指令序列中获得任何作者的情感表达，而是需要借助计算机这一外部工具。这始终是计算机软件作为作品主张权利的理论瑕疵。《商业秘密司法解释》将"算法、数据、计算机程序及其文档"明确规定为技术信息之一，一来正式承认算法能够完全独立于计算机程序而存在，能够自成地作为商业秘密的对象，二来为权利人提供了"信息—商业秘密"的维权路径。不同于计算机程序及其文档，算法是一种更为抽象的方法，可以在更高（非文本比对）的范围内提供保护。

权利人的权利依据就在于算法背后的商业秘密制度，及其赋予权利人的知识产权专有权，法定构成要件即是其自我呈现的路径。但是对于算法的属性来说，仅仅基于构成要件层面进行考虑尚不足以构建精细化的要件，故需要将精度下探到构成要件要素的层面上。下文的任务是基于案例分析和法理论述考察算法认定为商业秘密的实践样态，通过梳理不同的实务观点，在司法实践中讨论算法在商业秘密认定中的特殊性。

第一节 算法需要明确具体内容

算法是一种通过计算机解决问题的方法。作为一种方法，其本体是抽象的，带有天然的表述难度。在考虑算法本体的商业秘密认定时，最重要的问题是如何脱离抽象化。商业秘密的本质也是抽象的，它是一种信息，我国的司法审判采取归纳秘密点的方式将抽象信息表达出来。通常来说，某一信息若不能被权利人以秘密点的方式固定，将被法院直接判定为"无法确认其商业秘密"。算法作为一种解决问题的抽象方法，在明确具体内容的过程中会面临诸多阻碍。

1. 应当总结秘密点的元单位

秘密点是技术信息的载体。[①] 权利人若主张被告侵害涉及算法的商业秘密，首要任务是明确涉案技术的具体内容，此种内容应当以秘密点的形式呈现。通过秘密点审理商业秘密案件是司法实践多年来的经验。关于秘密点的法律性质，虽然无实体法依据，但是在商业秘密案件的审理中已经成为实质上的"法定要件"。算法的语义范围丰富，既可以是某一个算法（函数），

① 江西省南昌市中级人民法院（2020）赣 01 知民初 92 号民事判决书。

又可以是数个算法的组合（函数、流程图等的集合），这在计算机科学领域内被称为算法的"系列"。权利人可以将算法总结为一个或者数个秘密点，这有赖于具体案情与权利人的诉讼技巧。就性质而言，秘密点的总结是不可或缺的，但是就司法实践的观察来看，权利人往往无法将权利依据细化到"元单位"，而法院的主动释明亦停留在事实层面，并无法律后果的告知。

（1）我国法院要求原告应当自行总结秘密点

广州动景计算机科技有限公司起诉温才燚案是一个典型的员工离职型商业秘密纠纷案。[①] 本案原告主张被告侵犯其技术信息，并通过私自申请专利的方式予以公开。本案在审理时，原告动景科技公司主张的商业秘密内容为该公司的"ffmpeg、webrtc、lipone 音视频优化技术"。原告主张，该商业秘密是基于广泛知晓的技术，由公司员工进行整理、汇编、转换形成的，具体体现在底层算法上。但是经过法院释明后，原告依旧坚持"该项技术并无客观存在的形式，针对不同的产品会产生不同的结果"。面对原告的此种主张，法院认为"原告主张的涉案技术无客观的存在形式或者载体，无法明确该技术的具体内容和秘密点所在"，原告的主张因此未得到支持。本案中，原告将算法总结为提升音质的技术效果，虽然法院在后续评述中认为对于音频质量无法量化，但是究其原因还是该案原告未能以秘密点的形式"明确具体内容"，导致该案尚未进入侵权认定的审理阶段即告败诉。

[①] 广东省广州市天河区人民法院（2013）穗天法知民初字第 2078 号民事判决书。

又如在江西汇丰管业有限公司诉江西嘉陶环保科技有限公司等案中，[①] 法院认为秘密点是技术信息的载体，某项技术信息应当包括流程、图纸、数据、资料等。但是原告未能明确其载体为何，经过法院释明后仍未详述，故而法院认为原告之主张"不符合技术信息的构成要件"。

（2）美国法院要求原告总结算法的基本单位

事实上，这种提取秘密点的审理方式并非我国独有，其被描述为"司法经验"极有可能只是因为法律未作出明文规定。在 Agency Solutions.Com，LLC v. TriZetto Group 案中，[②] 原告 HSC 公司欲就商业秘密发起禁止动议阻止被告销售一款计算机软件，主动将 29 个信息归纳为 4 个项目主张权利，法院在评述两造的证据和主张时，亦是基于这 4 个"项目"逐个展开的。在 Swarmify, Inc. v. Cloudflare, Inc. 案中，[③] 法院认为尽管 Swarmify 反复提到"机密信息""专有信息"和其他各种所谓的"非贸易秘密信息"，但它从未解释该信息实际上包括什么，或者它与 Swarmify 声称的"商业秘密"的令人难以置信的广泛信息在性质上有何不同。这被法院认定为"充其量是一次尝试"，通过反复将所有有争议的信息描述为"商业秘密"和"非商业秘密"，而从未确定有意义的区别。可见，算法即使是一

---

① 江西省南昌市中级人民法院（2020）赣 01 知民初 92 号民事判决书。

② Agency Solutions.Com, LLC v. TriZetto Grp., Inc., 819 F. Supp. 2d 1001, 1006 (E.D. Cal. 2011).

③ Swarmify, Inc. v. Cloudflare, Inc., No. C 17-06957 WHA, 2018 WL 4680177, at *1 (N.D. Cal. Sept. 28, 2018).

种可以被认定为商业秘密的新型对象，但是其依旧要接受商业秘密案件审理基本思路的检验。对于总结秘密点这一实践经验，算法本身的抽象性将使得权利人难以概括秘密点。事实上，法庭经审理发现，权利人通常也会陷入另一种误区，即误将算法的功能视为秘密点而进行主张。

2. 算法功能与秘密点的界分

基于算法本身的抽象性，权利人在以秘密点形式明确算法内容时，可能陷入功能与内容混淆的误区。由于算法的事实属性具有抽象性，算法作为一种通过使用特定函数、调用关系设定的方法，达到优化性能、提升算力的目的，是权利人投入成本开发、获取授权的根本原因。其核心性能的达成在于某种组合和特定算法的选择，此时某具体的单个函数本身极有可能成为业内共识，权利人所做的工作内容可视为通过调试和试错将这一算法应用到本软件中。对于权利人而言，算法最为重要的属性即其功能，因此权利人极有可能将算法的功能与其本体的内容混淆。

此外，算法在逻辑上是为了一定的功能而存在的。算法通过源代码的编写、目标代码的读取而在计算机软件中发挥效能，算法与运行环境、硬件设备在逻辑上是分离的，这一特性也会让权利人倾向于将秘密点归结成算法。

（1）我国法院因权利人无法区分功能和秘密点而判其败诉

例如，在丹阳市桦宏电子设备有限公司诉上海蓝佩得模具科技有限公司等侵害商业秘密纠纷案中，[①] 原告已经通过秘密点的形式表述了其欲主张的信息，其中秘密点为"语音控制操作形式的技术要求为'语音控制车辆'，包括'语音唤醒、本地语音识别、语音识别算法及其实现、TextToSpeech 及工程'等功能"。法院审理后认为，该秘密点之于相关功能的实现均为功能性表述，不能用于证立相关商业秘密的存在。

湖北法院在审理武汉蓝星科技公司诉李正等著作权权属、侵权及不正当竞争纠纷案中也持相同观点。该案涉及原告前员工离职时携带相关信息离开公司入职新公司，原告武汉蓝星公司关于计算机软件同时提起了著作权侵权和商业秘密侵权的诉讼请求。因其在一审中未能明确秘密点，武汉市中级人民法院认为"因蓝星公司未能明确指出秘密点，不宜认定其技术秘密"，故未支持其主张。一审败诉后，原告蓝星公司不服，上诉到湖北省高级人民法院。在二审审理过程中，蓝星公司主张如下秘密点：①USB 模式下 ScreenLink 手机服务程序软件自动安装。②USB 模式下的双屏互动，包括：a. 投屏功能；b. 反控功能。③USB 模式下的网络共享。④USB 模式下的手机端文件管理和媒体播放（音乐播放、电影播放、图片浏览）。⑤USB 模式下的帮助。⑥USB 模式下程序列表。湖北省高级人民法院经审理认为，原告主张的秘密点中的部分技术信息属于计算机软件的功能，随着涉案软件的销售，此种功能已经公

---

① 江苏省南京市中级人民法院（2019）苏 01 民初 2780 号民事判决书。

之于众，故而不能作为商业秘密主张。

（2）美国法院要求权利人提出独立于功能的实质内容

在美国，将算法本身与算法的功能混淆在审判过程中也不少见，美国没有对于"秘密点"的要求（但是通常原告也会经由专业律师对相关信息进行分点总结），美国法院商业秘密制度不保护概念或思想。[①] 在 Silvaco Data Systems v. Intel Corp. 案中，[②] 原告开发电子设计自动化软件（EDA），认为英特尔公司在其开发的软件 DynaSpice 中使用了其某些商业秘密，被告英特尔公司则抗辩其只接触过原告软件的目标代码。原告以目标代码中的算法作为主张权利的依据，提交了一份密封文件，主张其载有包含二十七个子类别的六类商业秘密，希望通过该证据证明"函数中的专有方法"。但是法院认为，该证据未载明商业秘密本身，而是"描述了原告软件的产品设计、各种功能及特点"，故而其商业秘密属性未被认定。法院在后续评述中认为，计算机软件的基本结构可以构成商业秘密，其最后呈现的成品能够带来效果，如性能的提高，但是这种提高不是商业秘密，这对于使用者而言是显而易见的。

综上可见，算法欲进行商业秘密认定，在进入法定要件检视之前，需要以秘密点的形式表述其具体内容，这一事实上的必要条件与算法的特点之间的调适会造成维权方面的障碍。秘密点是算法本体的分节表达，而非对算法的形容。若某项技术

---

① The Uniform Trade Secrets Act: California Civil Code 3426.

② Silvaco Data Sys. v. Intel Corp., 184 Cal. App. 4th 210, 223, 109 Cal. Rptr. 3d 27, 40 (2010).

信息的秘密点被表述为某种功能，就会因为已经公开而不能被认定为商业秘密。

3. 小　结

算法进入商业秘密制度遇到的首要问题不是构成要件该当性，而是一种非法定的"构成要件"——勾勒算法本身的轮廓。由于算法是一种物理的思想，[①] 商业秘密要求的具体内容明确性对算法的权利人提出的第一个挑战就是明确算法的具体内容。司法实践将秘密点归结视为一种庭审技巧。对于算法来说，出现了如下两种障碍：其一，算法本体的复杂结构及数据结构的调用关系使得秘密点难以总结，要求在物理技术上总结出能够有利于权利人主张权利的 "元单位"；其二，算法的抽象样态和相关功能紧密联系，在庭审技术中需要总结出能够为法庭话语涵盖的"具体内容"。以上是算法在商业秘密认定中受到的首要影响。

---

① Holland King. *Software Patentability after Prometheus*. 30 GA. St. U. L. REV. 1111 (2014).

第二节 算法的秘密性认定

所谓"秘密性"，通常是指信息处于一种秘密的、不为他人所知的状态。显然，这是一种消极事实，秘密性的认定是传统商业秘密案件中最为棘手的问题，这一问题将会延续到算法的秘密性认定。目前形成的共识是，作为商业秘密构成要件的"秘密性"不要求专利层面上的绝对新颖性，而是相对新颖性。根据《反不正当竞争法》的规定，对于商业秘密的秘密性，应当满足"不为公众所知悉"和"不易获得"两要件要素。从《反不正当竞争法》的文本演进来看，这一要求经受住了时间的检验，在不同法域亦是世界的通行做法。

"不为公众所知悉"要件要素对应的是相关信息"广度"的要求。这一要求提出的问题是，信息在多大的范围内接受"秘密性"的检验。此外，这一"范围"又引申出地理上的知悉范围、效果上的知悉程度等复杂范畴。"不易获得"要件要素对应的是相关信息"深度"的要求。这一要求提出的问题是，何种程度可以被认定为"不易获得"——现行司法解释仅列举了"容易获得"的情况。这两大问题在算法所处的行业实践中将面临适用难题，因为软件工业基本已经脱离传统工业模式的范畴。具体来说，从行业间获取信息的方式到存储信息的方式，再到信息流转的方式，均存在"脱实向虚"的表现。"不易获得"要件在秘密性认定中，算法的去中心化、载体共享性、功能累进性则要求法院在进行算法的商业秘密认定时进行特殊的考量。

1. 算法的去中心化突破秘密性认定的行业范围

去中心化是指算法的载体不再停留在传统具体可感的物理层面，而是通过计算机代码呈现，其储存方式以一种新型表达方式呈现，可称之为"上云"。这种行业的新型业态在算法的商业秘密认定中造成的首要影响即原有秘密性认定基准，对原有的"竞争业种"的要求不再限制于原有的行业范畴，而是拓宽到更为泛化的技术应用场景中。

（1）算法的去中心化表现为数据存储和处理泛化

算法去中心化是以云计算为背景的。"云"是对互联网的比喻，在云计算背景下，几乎所有的信息都可以转化为电子数字形式，数字化的处理和存储已经代替了物理存储方式。算法的去中心化除了消弭地域距离，其存储方式可全部在"云端"完成。由于这种特性，甚至有观点认为因为某一信息存储在"云端"（而非物理环境），他人便能任意接触进而使得相关信息丧失秘密性[①]。显然这是杞人忧天，但是这也在客观上表现出这种行业习惯对于商业秘密制度的冲突。这一特征并非算法独有，但是就业内实践来看，算法所处的行业更具有此种特征——

---

① 闫文军、吴安骐：《云计算环境下商业秘密保护问题探讨》，《电子知识产权》2013 年第 6 期，第 31—36 页。

因为算法正是云计算时代的产物之一。就某一计算机程序的算法构建来看,通常其源自数人或是数十人乃至百人团队的努力,而这多数人的协同交流和任务配发很难想象是通过某种物理手段完成的,这一行业现状使得算法只能通过"0-1"组成的二进制数据形态,通过磁性介质来记录和保存,此种存储模式的去中心化在两个范畴内对于商业秘密的构成要件认定提出了问题:地域范畴和行业范畴。

(2)去中心化对秘密性诸认定基准的影响

算法的去中心化首先抹杀了商业秘密的地域性。李扬教授主张商业秘密存在地域属性,[①]即某种信息在 A 地或者 A 国营业圈是公开的信息,只要在 B 地或者 B 国营业圈并不为公众所知悉,该信息在 B 地或 B 国仍可认定为具有秘密性。但就算法的属性而言,其天然带着完全不同于传统物理属性的信息传播路径,传播途径和存储途径的信息网络化使得国界的界限被抹除,此时,自然属性意义上的地域已经消失,故而在商业秘密认定的范畴内讨论地域属性,犹如寻找无源之水。

此外,在商业秘密的"不为公众所知悉"要件中,对于"公众"的界定是一个由来已久的难题。该要件表述对应着一种消极事实,且这种消极事实在本质上无法从正面证明的角

---

① 李扬:《商业秘密之非公知性及其证明责任分配》,"李扬知产"微信公众号,2020 年 6 月 22 日,最后访问时间:2021 年 9 月 24 日,https://mp.weixin.qq.com/s?src=11&timestamp=1632450912&ver=3333&signature=wLtvrHDFD9iXH8QizIZfAFfPqXfsEy4WQfaBYq8WNrZlIdHQQhO2★★-U8YoYp5SNpep9yPFJWrt23T36Mrve6i6EudMhmrZnCV-KoVMlzX9gtr5sBkEHFVbKNDngCz-y&new=1.

度予以举证，所以只能退而求其次，将对于构成要件要素的认定作为司法机关处理这一问题的切入点。就文义而言，"公众"一词陈述了知悉人数多少的客观事实。[①] 通常将"公众"理解为"行业"，如日本商业秘密制度对行业作出了"竞争业种"的限定。[②] 关于"公众"的范围，在理论上有广义说和狭义说之分。美国曾有法院认为只要这个行业内还有一个人尚未知悉，就可以认定这一要件成立。[③] 这种观点显然对"知悉范围"取最为广义的认识，即对于商业秘密的秘密性要件采取最为宽容的态度。但是这在我国却无法推行，因为商业秘密作为知识产权客体的立法价值在于鼓励创新，而采取广义认识的"公众"范围显然会极大地增加权利人的检索难度和被侵权风险，因为任何人都无法预知什么内容是行业内还有某一个人不知道的，进而抑制其投入成本创新的积极性，亦会导致立法目的落空。对此，有学者建议采取"50% 说"观点，[④] 即主张在所有行业内人士中，只有被少数人知悉的信息

---

① 黄武双：《商业秘密保护的合理边界研究》，法律出版社 2018 年版，第 4 页。

② 李扬：《商业秘密之非公知性及其证明责任分配》，"李扬知产"微信公众号，2020 年 6 月 22 日，最后访问时间：2021 年 9 月 24 日，https://mp.weixin.qq.com/s?src=11&timestamp=1632450912&ver=3333&signature=wLtvrHDFD9iXH8QizIZfAFfPqXfsEy4WQfaBYq8WNrZlIdHQQhO2★★-U8YoYp5SNpep9yPFJWrt23T36Mrve6i6EudMhmrZnCV-KoVMlzX9gtr5sBkEHFVbKNDngCz-y&new=1.

③ Wilson v. Barton & Ludwig, Inc., 163 Ga. App. 721, 721, 296 S.E.2d 74, 76 (1982).

④ Robert Unikel. *Bridging the Trade Secret Gap: Protecting Confidential Information Not Rising to the Level of Trade Secrets*. 29 LOY. U. CHI. L.J. 841 (1998).

才能受保护，而此少数人的标准为 50%。对于这一在 20 世纪提出的"空想型"观点，我国亦有学者赞成。[1]但在实际操作中，关于 50% 的人数显然是无法举证或是认定的。不过，本书认为这种观点至少指明了一种关于认定的基本态度——对于某种信息的知悉范围而言，至少有相当一部分人是不知道的。

算法的去中心化实际上给算法载体的传播带来了便捷性和普遍性，相关计算机软件几乎全民普及的现状直接制止了对于知悉范围做何种理解的争论——人们几乎可以没有门槛地甚至是被动地接触算法的载体，此时讨论所谓的"知悉范围"采用的是广义理解还是狭义理解意义不大。可以说，算法在信息传播的范围中对于某种行业的限定进行了稀释，使云计算环境下信息的传播完全突破了地域的要求，将会使对于某种信息的知悉范围进行司法认定时面对一定麻烦——如果非本行业用户知悉相关算法，应当如何认定？

（3）关于算法跨行业、地域的列举

以著名的蚁群算法为例。蚁群算法发轫于仿生学。研究人员观察到蚁群在觅食时，总能找到通往食物的最短路径。研究人员对此生物学现象进行记录，对该现象的初步命名冠以"蚁群"之名。此后，以由蚁群整体活动所表现出来的信息交互方式，以及该交互方式对寻找食物的最短路线的动态过程为启发，研究人员将其借鉴至计算机领域，为著名的旅行商

---

[1] 黄武双：《商业秘密保护的合理边界研究》，法律出版社 2018 年版，第 5 页。

（TSP）问题提出了一种富有效率且成本可控的解决方案。[1]该问题的核心难题是正面求出精确值，对算力和运算效率提出了指数级的要求，而蚁群算法求出了一种近似值，以一种平衡算力和算率的最优解而被认为解决了 TSP 问题，在此不再赘述。

此后，蚁群算法在技术领域的应用延伸到决策领域，以"减灾系统的定位—路径"模型的构建为标志，[2]蚁群算法正式从计算机领域过渡到决策模型构建领域，该应用也标志着蚁群算法正式登录管理决策领域，[3]用以构筑一种优化模型，为经营管理提供"最优解"。至此，蚁群算法经过生物学—仿生学—计算机科学—工程学—管理学的过渡路径，正式成为管理决策模型构建的一种基本方法。可见，基于算法的去中心化之特性，某种算法既可以由数学推导，亦可以由计算机行业的熟练编程人员编写，甚至可以在经济学、管理学等领域实现。

（4）去中心化对秘密性认定路径的影响

对于算法去中心化影响下的"不为公众所知悉"要件认定，本书认为可以结合司法解释的精神来考虑。2007 年《反不正当竞争法司法解释》认为，对有关信息进行秘密性要件判断时，应限定在本行业的有关人员内。2020 年发布的《商

---

[1] 吴庆洪、张纪会、徐心和：《具有变异特征的蚁群算法》，《计算机研究与发展》1999 年第 10 期，第 1240—1245 页。

[2] 曾敏刚、崔增收、余高辉：《基于应急物流的减灾系统 LRP 研究》，《中国管理科学》2010 年第 2 期，第 75—80 页。

[3] 邬丽君、胡如夫、赵韩、陈曹维：《面向云制造服务的制造资源多目标动态优化调度》，《中国机械工程》2013 年第 12 期，第 1616—1622 页。

业秘密司法解释》采取的表述是"所属领域"的相关人员。从司法解释的字面意思来看，这二者（代）表述并未产生实质性差异。尽管这一表述看似仅在字面上限定了相关行业，但是实践中，某一行业的从业人员通常能够知悉本行业的前沿问题与相关信息，他们自发地关注行业的发展动态并主动地探索本行业的未知领域。从这个意义上来说，"领域"一词可以作"专业"理解，即所谓的"本领域的有关人员"实际上是"对于本专业前沿问题熟悉且从事该专业并牟利"的有关人员。在此种认识下，对于原有的行业限定可以被涤除，使用"专业"范围可以在抽象意义上将重点定位回归到算法本体中，以抽象概念表述跨行业的事实。至此，算法的抽象性带来的去中心化和知悉范围的冲突得以解决，但司法解释的规定尚未完善仍会给司法实务带来困难。

2. 算法的控制分离性扩张"所属领域"的主体范围

算法的"控制分离性"，同样源自软件工业的云计算的行业背景。由于《反不正当竞争法》和《商业秘密司法解释》并未对其载明的"所属领域"进行进一步的解释，在认定秘密点时就不可避免地需要对行业实践进行考察，进而明晰这一概念的适用范围和认定逻辑。

（1）控制分离性使得同一算法受到多主体的控制

所谓控制分离性，是指同一载体承载了数个信息，此时该载体的控制权不限于权利人一方，即权利人对信息失去了绝对控制权。信息既可能被云服务商接触，又可能在与他人共享云端服务器的过程中被他人接触（数据泄露）。这与行业习惯亦有极大关联。云计算背景下，用户存储信息通常基于云服务商，而云服务商的运营模式具有"多租户"的特点，即多个租户使用同一个数据中心，同一个硬件资源或虚拟资源（云端服务器）可以满足多个用户的需求，此时算法便具有控制权分离的特性。

需要说明的是，前述数据泄露对秘密性的影响并非前述讨论的影响秘密性认定的因素，需要厘清二者的关系。原因有三：其一，数据泄露是一种软件工业的行业风险，对于商业秘密制度而言，其不能作为制度设计层面主要考虑的内容。其二，数据泄露本身并不意味着其直接流入公有领域，而是对于原权利人而言的控制权流失，由第三人掌控该信息。若以商业秘密制度评价，这是"非法获取型"商业秘密所要考虑的侵权认定中此种情况如何认定"接触"要件的问题。其三，本章讨论的是算法本身属性对于法律要件的评价问题，数据泄露导致的后果与算法本身的属性无关，具体到某一案件中，亦是特殊问题特殊处理。

算法的控制分离性导致知悉主体范围被迫扩张，或者说知悉主体至少不能如传统技术信息一样不存在争议的可能性。具体来说，以行业通常使用的 IaaS 存储模式为例（Infrastructure as a Service，基础设施即服务），[1] 相关信息被"池化"后的服

---

[1] 根据 NIST（美国国家标准与技术研究院）的分类，云计算的基础服务分为三类，基础设施即服务（Infrastructure as a Service，IaaS）、平台即服务（Platform as a Service，PaaS）、软件即服务（Software as a Service，SaaS）。三者在云服务商提供的服务内容、存储模式、交付模式方面存在不同，但是相同点在于所有数据均存储在云服务商的服务器上，使用者无法享有绝对的控制权。

务器、存储、网络基础计算资源等存储，而不再停留在单一的某一物理载体上。云计算环境的虚拟化特征导致信息流动的频率偏高，[1] 有学者对此表示担忧：公有云的存储模式使得他人可以随意接触，进而无法再进行商业秘密认定。[2] 不过这种担忧实际上是不够了解相关技术导致的，尽管大多数云服务商无法从根本上保证数据的安全性，但是通常来说，使用者之间能够形成相对独立的私人空间，几乎没有使用者能在合理使用过程中获取他人信息，即技术手段本身形成了一堵隔绝外界知悉的墙壁。

（2）控制分离性打破特定领域内知悉主体的壁障

尽管控制分离性导致算法权利人失去了绝对控制权，但是在商业秘密认定层面，真正的困境在于算法的载体分离性在此模式下无法确定知悉主体的范围。关于这一点，对商业秘密认定要素而言恐怕无法规避，因为这是由算法本身自然属性所决定的。在认识这一属性的前提下，我国司法经验需要进一步修正。由于我国法院对于"不为公众所知悉"的认定通常交给司法鉴定完成，这一问题将被掩藏，从裁判文书的表述来看，法院关于秘密性认定，尤其是"不为公众所知悉"要件的认定的篇幅通常只有寥寥数字。对于司法实践中法院几乎完全依赖鉴定机构的做法之流弊，本书将在下文中详述。就本段内容而言，可操作的做法是对秘密性要件的"不为公众所知悉"要件进行

---

[1] 寿步、王晓燕：《云计算知识产权问题研究》，上海交通大学出版社 2014 年版，第 122 页。
[2] 闫文军、吴安骐：《云计算环境下商业秘密保护问题探讨》，《电子知识产权》2013 年第 6 期，第 31—36 页。

进一步的拆分，使用更多的构成要件要素进行法律评价，提升门槛，提高某一算法被认定为商业秘密的难度——这并不会对欲主张权利的权利人造成任何困扰，相反，这恰恰有利于专注于技术开发、诚实参加市场竞争的市场主体。

（3）美国法院以企业内外对知悉主体进行区分

对于算法的知悉主体认定可以借鉴美国法院的参考变量。美国法院从两个方面来考量某一信息的秘密性标准：其一是信息在企业外的知晓程度，其二是信息在企业内部及业务来往者间的知晓程度。[①] 可见，美国法院没有使用某种"是"或"否"的标准从绝对意义上的新颖性上来考虑商业秘密的秘密性，而是通过两个方向的参考因素判定。鉴于商业秘密侵权纠纷通常发生在离职者和老东家之间，将目光直接对准这二者及其相互关系，在处理诸如算法这种抽象的方法时，显然能给法院更多指引。

（4）"所属领域"知悉主体认定的路径

浙江省高级人民法院的陈宇法官曾多次在公开发言中表示，某种法律属性的认定并非绝对遵循法律要件的规定，而是在"心中的天平"上左右添加砝码，直到某一边出现明显的倾斜。对于算法的知悉范围的认定，没有争议的是其不能使用专利之新颖性标准，但是证明高度下降之后，若继续采取某一绝对标准，显然是有违立法本意的。

基于此，本书认为，对于秘密性中"不为公众所知悉"要

[①] 李明德：《美国知识产权法（第二版）》，法律出版社2014年版，第184页。

件的考量，需要拆分出知悉主体这一构成要件要素，并以权利人为中介，以公司内部与外部之间的关系确定知悉主体的范围，并在相比较之下进行构成要件要素的权衡，进而得出一种比对优势，服务于"不为公众所知悉"的法定要件，以克服算法的控制分离性对法律属性判定造成的困扰。

3. 算法的功能累进性限定"普遍知悉"知悉程度

对于算法的秘密性认定，除了知悉的行业范围和主体范围，对于秘密性的构成要件要素"不为公众所知悉"，其内在的另一个通常不为人关注的要求是知悉的程度。通常来说，对于某种信息的"知悉"与否是一个非是即非的问题，仅有"是"或者"否"的回答，但是算法的功能累进性对秘密性的审查提出了知悉程度这一层次的要求，此种要求亦会影响对于"接触"的认定，这是法院审理精细化面临的难题。

（1）算法的功能累进性表现为依层级递进的不同功能

所谓"功能累进性"，是指算法作为一种计算机解决问题的方法，既可以是整体方案，又可以是某一特定部分的方案；其既有公有领域的行业习惯做法，又有解决某种特定问题的特定编写方案。这些方案并非泾渭分明，而是相互调用、互为前提的关系。具体到操作层面，不仅有用于解释的伪代码和注释文档，还有实现代码与相关数据库，它们关系复杂，且构成了单独的功能模块。此时，对于算法整体而言，各个功能模块不可或缺，最后的实现效果亦随着功能模块的增加而累进。简言之，算法的实现包含了诸多功能模块，不同模块的调用关系及配置对于功能的实现起到的是累进作用。

前文提及，通常算法的构建并非一人之功，而是团队协作的成果。团队成员的分离加之表达累进之属性，使得算法在构思、编写及运行全程都需要依靠海量的行业经验。对于商业秘密的认定而言，需要考虑的是"不为公众所知悉"要件中的知悉程度。某一算法能够实现特定功能，通常都免不了使用诸多行业通行做法，而核心部分的编写往往能产生决定性的效能，此时若从"量"的层面考虑，恐怕诸多固定格式为行业所知悉，但是从"质"的层面考虑，恰恰是关键函数的定义与调用才能实现特定功能。这也是某些权利人在总结秘密点的时候不顾法院的释明，坚持将算法的功能作为秘密点主张的原因之一——对算法而言，这就是市场主体投入资金开发的最主要的目的——这也暴露出算法使用版权法路径保护的重要缺陷之一。版权法保护的是体现作者独创性的部分内容，结合算法的功能累进性，若以独创性部分作为保护依据，因其在整体软件代码中的占比往往不大，若以法院通常所使用的相关信息的占比进行两方信息的比对来认定侵权，权利人往往无法获得应有的保护。

（2）知悉程度作为算法秘密性认定参考要素的独立意义

下文的讨论需要重申以商业秘密制度保护算法的目的，在于对计算机软件进行更为周严的保护，给予权利人更多保护路径的选择。尽管算法在理论上可以集中体现于某一节代码，也可以是某一程序整体，但是出于整体性考量，本段将讨论范围限于对整体软件的考量。基于此，算法的功能累进性要求从整体角度出发对算法进行观察，而不能依源代码逐"段"比对。

此时，对知悉程度的认定是关键。通常，软件权利人的行业习惯是将软件的前后 30 页源代码公开（美国的做法是将软件的前后 25 页源代码公开），以登记软件著作权。不能认为某一算法的大部分内容在公有领域能够检索到就认为该算法丧失秘密性。即就知悉程度而言，能够检索到"大段"的内容并不意味着该算法本身被知晓。

在深圳迈瑞生物公司诉深圳理邦仪器公司案中，法院将涉案的"监护仪心电算法"交由鉴定机构鉴定，本案涉及的算法有 30 个函数源代码能够在公开渠道检索到，但还存在 23 个函数代码无法被检索到。[①]本案鉴定机构根据"迈瑞公司心电算法技术秘密说明"，获知心电算法包含心率计算、心律失常分析、ST 段分析三个组成部分，鉴定组分析出源代码中未被公开的函数多数用于进行 ST 段分析，而公开的函数多用于心率计算、心律失常分析。迈瑞公司心电算法作为一个整体，其对应的源代码由各个函数构成，并且函数之间互相调用、互相配合，而不是简单的罗列、叠加，只有在这些函数全部存在并且按照既定调用关系执行时，才能实现心电算法的全部功能。缺少任何一个部分的代码，无论这部分代码公开与否，都将使心电算法不完整，不能实现原有的全部功能。因此，从整个心电算法层面来讲，不能将函数割裂来看。可见，对于整体功能意义上的算法，其认定依据"全有"或者"全无"的认识规则，而不能简单地将某些能够查询到的信息排除出保护范围。

[①] 广东省高级人民法院 (2014) 粤高法民三终字第 831 号民事判决书。

（3）算法秘密性中知悉程度的考量路径

此种认定思路（细化到某一主体的知悉程度）在法理上亦可以自洽。商业秘密作为另一种知识产权客体，其排他性不如以公开换垄断的专利权，只能给予权利人较弱的排他性权利，[①]既然商业秘密（权）赋予权利人的权利无法使其获得诸如"专利蟑螂"的滥诉权，则对于公有领域的信息没有必要进行严格地排除，这也符合算法本身的性质。

此外，在刑事案件的处理中，刑事审判参考案例第 609 号也体现了商业秘密的整体认定范式，并给出了极富法理和司法态度的说理。[②]法院在处理"商业秘密是否区分公知技术和非公知技术"的问题时，认为对商业秘密的区分，公有领域和非公有领域是"针对特定情形或者特定案件"而言的，不具有普遍性。故在处理某一技术信息的商业秘密认定时，应当综合判定、整体考虑。

需要说明的是，我国商业秘密制度保护公有领域的信息组合，即商业秘密不适用于专利领域的拼合标准（the text of the mosaic），只要某信息能够满足其他法定要件，依然可以被认

[①] 李扬教授基于理论上的观点认为，"以保密换公开"商业秘密获得排他性则危及专利制度，故而其只能作为知识产权权益，不能上升到权利的高度。但是在法律明文规定的前提下，商业秘密的知识产权属性已经被具文固定。就法理而言，弱排他性不能作为否认其作为知识产权客体的条件，这并不是可以互逆的条件。李扬：《商业秘密法律保护中的几个基础性问题》，"知产财经"微信公众号 2020 年 12 月 16 日，最后访问时间：2021 年 10 月 10 日。https://mp.weixin.qq.com/s/GI8NPOBBIMZ4dlzKNYDs9w.

[②] 何帆：《刑法注释书》，中国民主法制出版社 2021 年版，第 508 页。

定为商业秘密。这与上文所指的"算法的秘密性认定可以包括公有领域的信息"并不完全一致。二者具有方向上的差异性。具体而言，前者是对商业秘密作为一种信息的法律表述，由于某种具有商业价值的信息必然源于公有领域这一信息池，故而司法解释的此种规定并非设权性的规定，而是以法律的形式强调商业秘密的信息来源，并不局限于原创。而商业秘密不适用于专利领域的拼合标准是指基于软件工业的行业惯例，某一软件的编写中使用某些"固定搭配"的公开内容是行业习惯。就表达的"部分与整体"之范畴而言，由于目前的司法鉴定制度通常使用"检索—比对"的模式，此时检索到公有领域的内容便不可避免，而算法的此种属性并不能否认其"可秘密性"。

4. 算法的功能累进性拔高"容易获得"要件要素

前一节讨论了算法的功能累进性对"不为公众所知悉"要件的影响，其实，该属性对秘密性的影响还在于对"容易获取"要件认定的影响。"不易获得"可被理解为相关专业人士在通常条件下不容易获得。目前，就法院的认定形式而言，似乎这种"精度"还未达到。例如在广东省高级人民法院审理的一起商业秘密纠纷案中，法院认为从"行业经验来看"，被告开发相关软件的时间明显较短，进而将举证责任分配给被告。可见，法院的认定尚不能对法定要件进行充分论述。

下文的讨论仍要基于一个前提，即商业秘密制度是市场主体的一种备选的维权路径，对于法定要件的认识，要站在正常商业投入／产出的视角进行考量。在此前提下，"不易获得"可以被理解为"一定的人力物力投入"。在日常语境下，这在逻辑上与"不易获得"是可以互通的。可以想象，若某种信息无须付出一定的人力物力即可获得，那么此种信息也没有被法律保护的意义。这一基本精神亦体现在 2007 年《反不正当竞争法司法解释》中，经过多年的司法实践后，被 2020 年发布的《商业秘密司法解释》保留，但是商业秘密制度始终未能作出更进一步的规定。

（1）"不易获得"要件的内在层次性要求进一步进行精细化考量

算法的功能累进性可以补充关于"不易获得"的评价要素。由前述可见，算法的编写需要较大体量的团队协作，一个真实投入人力物力进行开发的商业主体显然会保存所有工作记录、运行测试、调试日志等。传统技术的研发过程可能存在无法量化的开发成本，而在软件工业中，几乎所有的输入与产出都是可以量化的。算法的开发过程通常都有完整的在线数据，无论是研发注释还是调试日志，其自身的属性就天然地带有一种自我证明的效果，成就了商业秘密的"不易获取"认定要件。基于此，如果某一原告欲借商业秘密制度主张权利而无法举证其开发过程，显然无法自证其权利。从这个角度来看，算法的功能累进性将扩宽"不易获得"要件，在明确算法本身内容时即可证明该要件。

（2）"不易获得"在算法的秘密性认定中体现为一定的人力物力投入

基于算法的功能累进性，"一定的人力物力投入"之要求是算法自然属性要求的应有之义。在立法无法直接规定此项构成要件的前提下，这种属性实际上为司法机关查明事实提供了一种路径。因此，在法律和司法解释无法直接规定的前提下，司法机关可以在其内部审理指南中予以规定，才能完成立法目的——保护诚实的开发者。不过，司法机关目前并未作出此规定。以在此方面起步最早、成果最多的江苏法院为例，其颁布的《江苏省高级人民法院侵犯商业秘密民事纠纷案件审理指南（2021修订）》将算法、源程序等对象纳入视野，[1] 但只对客户名单的认定提出了"一定的劳动、金钱和努力"的要求，这不得不说是一种遗憾。

（3）我国法院在计算机商业秘密案中将"一定的人力物力投入"作为秘密性认定要素

此种认定路径是将"一定的人力物力投入"列入法定构成要件秘密性的认定要素。对于此，我国法律并没有做明确规定，部分法院在进行认定时事实上已经进行了此种尝试。如广东省高级人民法院审理"帝王霸业案"时，[2] 考量了被告上线相关游戏的时间与正常开发者编写的时间，在被告开发时间明显较短又不能作出其他举证的前提下，认为"其从未提交证据证明被诉游戏的开发情况及过程"，进而作出对被告不利的判决。这实际上是对人力物力的投入提出了切实的要求。

---

[1]《江苏省高级人民法院侵犯商业秘密民事纠纷案件审理指南（2021修订）》第2.6条。
[2] 广东省高级人民法院（2019）粤知民终457号民事判决书。

（4）美国商业秘密诉讼对"一定的人力物力投入"提出直接要求

在美国的商业秘密认定中，"一定的人力物力投入"是一种明确权利的必要要件，这与"他人主动研发的难度"在实质上属于同义概念。这一差异可能与中美两国的诉讼结构及法系习惯差异有关，英美法系的法庭审理奉行当事人主义，法院完全根据呈堂证据予以认定；此外，就裁判文书的论述篇幅而言，我国是成文法国家，判决文书比较简略，美国是判例法国家，判例的引用使得裁判文书非常详尽，在美国的判例中能找到更多研究材料。具体到本要件的要求，美国法院在审查时，如果原告不能举证其在开发过程中付出了一定人力物力，那么该软件将不易被认定为商业秘密。[1] 在早期的涉及计算机软件的商业秘密案件中，美国法院便直接要求权利人举证其对于相关计算机软件的人力物力投入。[2] 这种要求不限于涉及计算机软件的案例，而是在整个商业秘密制度下适用的。如 Serv. Centers of Chicago 案是一个涉及客户名单的经典案件，该案作为援引，为很多案件背书（包括计算机软件类），该案审理法院认为原告未能举证证明任何关于其在汇编相关信息中投入的成本，进而否认其信息能够构成商业秘密。[3]

---

[1] 郭德忠、冯勇：《软件商业秘密的认定与保护——以美国判例为主要视角》，《知识产权》2016 年第 8 期，第 119—123 页。

[2] Vytas M. Rimas. *Trade Secret Protection of Computer Software*. 5 COMPUTER/L.J. 77 (1984).

[3] Serv. Centers of Chicago, Inc. v. Minogue, 180 Ill. App. 3d 447, 455, 535 N.E.2d 1132, 1137 (1989).

（5）"不易获得"仅在构成要件要素层级上存在效力

本书所主张的"一定的人力物力投入"要件并非直接成为商业秘密本体的构成要件，而是将其列为秘密性要件的构成要件要素。大多数发达国家的立法例均未将本要件列为法定构成要件，尽管这一要件从正面揭示了商业主体获得这一专有权利的过程，但是依旧不能构成商业秘密本身的构成要件。[①]

首先，"额头流汗"标准[②]不能成为任何知识产权权利的构成要件。美国法律上限制商业秘密所有人的投资在商业秘密认定过程中的作用，美国法院则承袭了 Feist 案的精神，明确拒绝保护"额头流汗"标准。根据《美国药方书》（Dispensatory of the United States of America，简称 DUSA），"三要件"依旧是法定构成要件，即使是花费较少的资源或者是灵光一现，在商业层面不会天然地存在比巨量投入获得的信息更多的市场价值。其次，本书的立论在于算法在商业秘密制度下的调适，基于算法的行业惯例与实践情况，此时将"一定的人力物力投入"作为秘密性的认定要素，是施加了种种前提的。最后，就商业秘密制度的立法价值而言，需要考虑的是权利保护与鼓励

---

① 孔祥俊：《解读最新商业秘密司法解释》，"中国知识产权杂志"微信公众号，2020 年 5 月 4 日，最后访问时间：2021 年 10 月 2 日，https://mp.weixin.qq.com/s?src=11&timestamp=1633801342&ver=3364&signature=rM★CeWEDBaN8BiF9SaoEA2edHPjrRg6q11YgfudgVpXgCD−e−YaZipdgPHWsZZLwS3EkMMiGh0vk−UxMpWMHYQ8OqcSX−XGoROyDlXBdtnU6C4ir0PPnE6bStMVGldut&new=1.

② "额头流汗"标准是指哪怕是单纯的体力劳动或非常简单的脑力劳动，因为它具有价值并凝聚了独立和辛勤的劳动，其无须体现劳动者的智力创造，就能够被视为作品并获得版权。

创新的利益衡平问题。若将人力物力的投入直接升格为商业秘密本体的构成要件，无疑会限制正常情况下独立创业的市场主体的准入情况。在创业伊始，初创者通常无法投入相当的财力以支持创业，而任何"独角兽"公司均是从小到大发育长成的，若商业秘密制度在一开始就对它们关上了大门，显然与商业秘密作为一种知识产权权利的根本价值相悖。

也正因为如此，最高人民法院为了避开直接规定，而对"一定代价"要件的规定采取了略显冗杂的"双重否定"表述形式。2020 年颁布的《反不正当竞争法》司法解释第 9 条规定，相关信息无须付出一定代价而容易获得的，可以认定该信息不构成"不为公众所知悉"。其原因正是因为无法在解释论上正面、直接规定"一定代价"为认定秘密性的构成要件。

5. "不为公众所知悉"与"不易获得"要件要素为递进关系

TRIPs 协议第 39 条第 2 款规定，认定"未披露信息"的条件之一是不为通常接触此信息的人士普遍知悉或者容易获得。对于二要件之间的关系，该文本使用的是"或者"，即二者是择一的关系。《反不正当竞争法司法解释》的草稿一直采用此种表达。如《反不正当竞争法司法解释》2005 年 4 月 22 日版草稿第 26 条规定：《反不正当竞争法》第 10 条第 3 款规定的"不为公众所知悉"是指有关技术信息和经营信息作为一个整体和各部分的具体排列组合，不为相关领域的人普遍知悉或者容易获得。《反不正当竞争法司法解释》2006 年 8 月 15

日版草稿亦采取了此种表述。[1]但是2007年《反不正当竞争法》解释出台时，对二要件采用了"和"的表述。2020年《商业秘密司法解释》亦继承了对二要件的此种要求。

（1）以"或"作为连接词的认定路径

从"或"到"和"的转变，应当理解为商业秘密制度门槛回归了商业秘密本体的属性。在"或"的规定中，只要两个条件能够被满足一个，即能赋予原告知识产权意义上的专有权，进而获得对抗其他使用人的排他权，显然这为权利人主张权利提供了极为方便的路径。但是需要认识到的是，TRIPs协议作为一种国际协议，天然地带有利益集团的政治价值观。具体来说，美国依然是该协议的主要促成者，为了满足利益集团的最大可能利益，TRIPs协议作出了如上的规定。

但是，TRIPs协议本身的性质为国际条约，为成员国的本土化留有余地，我国坚持了TRIPs协议的参考价值，在国内法的规定中没有必要亦步亦趋。最为重要的是，"和"的要求对商业秘密不仅提出了"量"的要求，还提出了"质"的要求。

（2）以"和"作为连接词的内在递进关系

在中文语法中，"和"对应着并列关系，但是在逻辑上可以解读出一种递进关系。[2]这种递进关系在算法的商业秘密认定中具有非常典型的表现。

---

[1] 陈燕萍：《商业秘密侵权相关问题探究》，《山东法官培训学院学报（山东审判）》2011年第6期，第53—57页。

[2] 孔祥俊：《反不正当竞争法新原理·分论》，法律出版社2019年版，第529页。

　　首先，在字面上，当 A 和 B 成为某种要件，是指要求某种条件的达成兼具 A 和 B，可以这二者存在一种并列关系。这不存在争议。但是，在口头表述时，这种"和"的要求能够体现出一种逻辑关系。刘春田曾在其公开讲座上发言，法条是用来读的，好的法条应当朗朗上口。此时，在同样的条件下，若调换 A 和 B 的位置，能够体现出语序上的后者更具逻辑上的重要性。本书亦认为，文义解释作为法律解释的基本方法，应当考虑到法律的表述要基于中文语法，"读"的要求与"看"的要求应当同时适用，即此种"不为公众所知悉"与"不易获得"二者之间的递进关系可以基于中文语法证立。

　　其次，就商业秘密制度而言，某一信息既然可以不费力气而轻易获得，那么前述的"不为公众所知悉"要件便无从谈起。回到本书的中心问题，就法律属性的认定而言，功能累进性的存在能够在更为符合商业逻辑的层面上对两要件之间的递进关系予以证成。结合前文的讨论，在商业秘密的认定中，功能累进性是最为重要的属性，该属性是贯穿算法的自然属性到商业属性的主要依据之一。商业秘密制度对于价值性的认定并不提出任何苛刻的要求，甚至在特定条件下只要求些微的竞争优势即可，算法的功能累进性对于"不易获得"的属性之要求显然超过了前者，此时在算法的司法认定中，坚持后者的重要性亦是应有之义，即在司法审查中，应当重点关注对"不易获得"要件的审查，这就引发了本书要讨论的下一节问题。

6. 算法的表达多样性倒逼现有司法鉴定方式改进

（1）算法的表达多样性体现为不同载体和不同阶段的表达不同

关于算法的表达多样性,要结合计算机软件的结构来理解。基于前述,在具象结构下,算法隐藏于源代码、目标代码及相关文档中,此时如上三者都能独立地体现出该软件所布置的算法——这也是本书使用抽象结构才能将算法析出的原因,只有彻底改变对计算机软件的审视视角,算法才能独立存在。在司法实践一直沿用具象结构的前提下,算法无法独立且自然地作为争讼标的,此时涉案计算机软件的源代码、目标代码都可以体现算法的内容。算法的多样性之一就在于它虽在同一计算机软件中但载体多样,但是某一单独载体却又无法完全显示算法的全部内容,这为算法的鉴定方式提出了天然的难题。暂且不论鉴定内容能否切实反映实际状态,就检材的比对而言,这种比对就天然地存在问题。

（2）商业秘密纠纷司法鉴定的适用褒贬不一

在商业秘密纠纷案司法审理中,司法鉴定的介入引发了褒贬不一的争论。支持者通常为执法者,通常其在非正式途径表达的观点支持从严适用司法鉴定（相较于通过裁判文书、官方汇报这类正式渠道,演讲、期刊、培训为非正式途径,而非观点本身的"非正式"）。法官对于司法鉴定涉及的内容往往照单全收,并将其作为定案依据,[1]将其视为"不可避免"的手

---

① 赵筝:《侵害商业秘密的认定标准实务问题研究——以技术信息司法判断标准为视角》,《河南科技》2020 年第 3 期,第58—63 页。

段。[①] 与此相对的是理论界和部分律师，通常对商业秘密认定中适用司法鉴定颇有微词。有观点认为商业秘密的认定是单纯的法律问题，需要法官独立认定，进而排除司法鉴定的适用。[②] 显然这种观点并不可取，基本的司法政策在适用对商业秘密案件进行司法鉴定这一问题时不存在较大争议。[③] 商业秘密的认定是事实问题和法律问题二者兼有的问题，真正的问题在于司法鉴定在案件审理过程中的参与程度。

通常来说，司法鉴定用于涉案的两类内容，包括秘密性鉴定和同一性鉴定。同一性鉴定通常没有争议，因为这是将两个已经查明的技术信息进行比对。争议较大的是秘密性鉴定。主要观点有两类，一类是从司法鉴定在法院审理案件事实认定中的地位来看，司法鉴定参与的比例过高。例如有观点认为商业秘密纠纷中可能涉及某些专门技术事实、专门性问题，这些专业领域的问题虽然突破了通常法官的知识范围，但是并不能因此将依赖司法鉴定视为"当然理由"，应当避免司法鉴定结论成为一种"证实的偏见"抑或"依赖"。[④] 除了对司法鉴定在

---

① 姚建军：《中国商业秘密保护司法实务》，法律出版社 2019 年版，第 122—124 页。

② 倪瑞平：《上海侵犯知识产权犯罪发展趋势与司法实践》，《华东刑事司法评论》2004 年第 1 期，第 226—232 页。

③ 如 1998 年最高人民法院《关于全国部分法院知识产权审判工作座谈会纪要》、2005 年全国人大常委会《关于司法鉴定管理问题的决定》、北京市高级人民法院发布的《北京市高级人民法院关于知识产权司法鉴定若干问题的规定（试行）》、河南省高级人民法院发布的《商业秘密侵权纠纷案件审理的若干指导意见（试行）》等文件都有相关的内容。

④ 邓恒：《商业秘密司法鉴定之实践检讨》，《知识产权》2015 年第 5 期，第 33—38 页。

查明案件事实上起到的作用的担忧，另一方面的隐忧源自法律要件。其一是关于新颖性标准的反对意见，认为司法鉴定往往套用专利的新颖性进行判断；其二是秘密性要件本身的属性。新颖性是一种事实状态，"如何寻找检材"[①]这种担忧亦符合逻辑惯性，对于一种消极事实，如何通过已知内容的检索去证明某信息是未知的？正如李扬教授所言，如果一种信息连技术鉴定专家都需要穷尽一切手段检索，这恰能证明该信息具有秘密性。[②]

（3）现有专利检索式鉴定方式无法处理算法的表达多样性

就逻辑而言，检索式的司法鉴定只能证明某一信息"无法从公共渠道查询到"。对于如上争论的总结，并不意味着对算法的司法鉴定适用表示否认，本书对算法的司法鉴定问题的态度是提倡审慎适用，既包含对司法鉴定启动条件的审慎，又包含对司法鉴定结果的审慎。

原因有三。其一，司法鉴定的结论被司法机关无条件接受这一现状与司法鉴定本身无关，其只能揭示我国部分法院的部

[①] 许春明：《新司法解释下商业秘密的民事和刑事保护》，2021 年 5 月 26 日浙江省律协主办讲座，2020 年 7 月 14 日，最后访问时间：2020 年 10 月 1 日，https://mp.weixin.qq.com/s?src=11&timestamp=1633576001&ver=3359&signature=qA5iOvV7XZRX2WkrmTvKgvDB-5etJdDEPhqzWCfivysOcVmliMrZYl4G-RGxmElCZMOGtSN4XP553s1db5OOyTFBuqhUe64JGluqArQKGh-mij*5l*0bFHKIHy9RvBNR&new=1.

[②] 李扬在知产财经媒体平台上的演讲，知产财经网，2020 年 12 月 18 日，最后访问时间：2021 年 10 月 2 日，http://www.ipeconomy.cn/index.php/mobile/news/magazine_details/id/2258.html.

分法官业务能力不精，或是业务态度不端正。司法鉴定只是法院查明案件事实的手段之一，对于法庭事实的认定，还需要结合当事人的主张及举证质证观点，仅基于此否认司法鉴定的介入显然理据不足。其二，套用专利新颖性标准问题与检材的寻找问题实际上是一体两面的问题。专利制度是以公开换保护，以国家专利制度为基础建立专利池，相关案件纠纷必然涉及"检索"及检材的选择问题。商业秘密案件与专利纠纷案件不同的是其需要鉴定的事项与专利池无天然的关系，对于司法鉴定制度的适用应当回归查明事实的辅助性地位，防止其向专利同一性比对倾斜。其三，对于算法的司法鉴定适用需要结合行业经验。软件工业领域并无类似专利的公示制度，相反，由于开源社区、专业论坛的存在，相当多的行业从业者使用开源程序作为其开发基础，其中典型算法的使用亦可在如上社区中寻找。即使专利审查指南修订后将计算机方法视为可专利对象，但是在处理算法的司法鉴定问题时应当坚持其适用应回归"鉴定"的本质而非简单"检索"，需要通过搜索引擎、专业论坛等检索渠道进行鉴定。

　　在具体操作层面，目前的鉴定制度虽然在一定程度上符合了软件行业的特性，但是对于算法的秘密性认定，仍存在经验供给不足的现状。北京国创鼎诚司法鉴定所（以下简称"鉴定机构"）接受北京知识产权法院的委托为龙软科技公司诉卢本陶等案提供鉴定意见，[1] 该案涉及一款名为"龙软地测空间管

---

[1] 北京知识产权法院（2017）京73民初1259号民事判决书。

理信息系统"测绘软件。在秘密性检索过程中，鉴定机构选取的检索范围不限于专利库，还包括搜索引擎、开源软件源代码搜索网站"searchcode"（http://www.searchcode.com）、中文开发者服务平台（www.csdn.net）、联合开发网（www.pudn.com）、GitHub（https://github.com）、中国地学期刊网（http://www.geojournals.cn）、地信网（http://bbs.3s001.com），对原告主张之秘密点中相关技术信息进行检索。可见，就检索范围而言，鉴定机构并不局限于专利之登记，而是使用业内通行的信息来源。本案涉及一种地形测绘的算法。算法在实现上是一种逻辑表达，是脱离了具体表达的方法，而一种方法的实现并不一定要使用同样的表达方式，尽管算法需要借助一定的载体即源代码来发挥功能，但是源代码并不等于算法本身，这并不是一个可逆命题。具体到代码编写中，即便使用同一个算法，不同的编写团队写的源代码和目标代码都有可能天差地别。可见，基于功能累进性，在选择检材的时候选用专业论坛依然无法满足符合算法属性的鉴定方式，还需要其他鉴定手段介入。

7. 小 结

秘密性认定是现今商业秘密制度在司法实践中遇到的最主要的难题，因其消极事实之属性，秘密性认定在权利人举证质证、被告人抗辩等程序中都存在争议。算法的秘密性同样遭遇了如上困境，对商业秘密内部柔性架构的划定，为算法进入商业秘密制度的检视提供了基本路径。

就秘密性认定而言，虽然其作为消极信息无法通过主动方式认定，但是可以通过诸多因素增强法官心证。具体而言，秘密性的认定肇始于地域性，基于地域性不影响秘密性的司法惯例，秘密性便带有相对性。随着细分市场和市场竞争的深入，算法的秘密性认定需要考虑如下构成要件要素：算法的去中心化是互联网全面铺开的表现形式，该属性要求拓宽原秘密性认定中的行业范围，不应限定于原以行业作为考量的依据，而应当以一种跨行业的专业作为秘密性认定的基础概念；算法的控制分离性是指算法通常不能由单一主体全盘控制（尤其是涉及离职员工案件时），对于算法的秘密性需要考虑知悉的主体范围呈现的扩张趋势，具体到离职员工案件中，应当区分公司内部与外部对于相关信息的知悉程度，分别进行考量；算法的功能累进性是指算法作为一种方法，在表达上既可以是一段函数结构，也可以是多段代码模块，这一特性对于秘密性的影响是应当对秘密性中的知悉程度要素进行限定；算法还具有表达多样性，是指算法囿于当前的计算机软件分类体系，源代码、目标代码和文档这三者都可以体现出算法的部分内容，此时对于算法而言即存在表达多样性的特性，这一特性要求算法在秘密性认定中采取多种鉴定方式，传统的类似于专利检索式的鉴定方式，已不再能满足算法的商业秘密认定。此外，结合软件工业的行业惯例，在算法的场景下，即使《反不正当竞争法》以"和"连接"不为公众所知悉"要件要素和"不易获得"要件要素，但是依然可以推导出两者存在一种递进的逻辑关系。对于算法的秘密性认定，若权利人举证其独立开发某一算法并证明相关的开发成本，即使无法获得类似专利查新的鉴定报告，也可以完成秘密性认定。

第三节 算法的保密措施认定

保密措施是美国商业秘密保护制度最初构建时的两要件之一。[1] 在我国的立法中，保密措施认定是商业秘密认定的第三个法定要件。根据《商业秘密司法解释》的第五条、第六条，采取保密措施的时间应当是在侵权行为发生以前，且衡量保密措施的标准是在正常情况下足以防止相关商业秘密泄露。2020 年发布的《商业秘密司法解释》相较于 2007 年发布的《反不正当竞争法司法解释》，在保密措施的列举方面采取了更加周严的列举方式。具体包括其第六条各项：（1）通过保密协议和劳动合同的保密条款是对公司"内部"的措施；（2）通过书面形式对接触或是曾经接触相关信息的人员提出保密要求是对公司"外部"的措施；（3）对生产车间、经营场所作区分管理是对"物"采取的措施；（4）对接触过商业秘密相关人员的区分管理是对"人"采取的措施；（5）对能够接触商业秘密的计算机相关设备的区分管理是对"载体"采取的措施；（6）对离职雇员的相关措施。

---

[1] DVD Copy Control Assn., Inc. v. Bunner, 116 Cal. App. 4th 241, 10 Cal. Rptr. 3d 185 (2004).

综上可见,《商业秘密司法解释》列举的保密措施类型为"对内""对外""对物""对人""对载体""对前雇员"及兜底条款。如上分类没有特定的分类方式,可见司法解释并没有严格限定保密措施的类型,而是从对象的意义上对"措施"进行列举。

值得注意的是,立法文本并没有对保密措施的实际效果作出规定,并不要求能够绝对阻止不正当侵害手段,即保密措施在结果意义上的有效性不影响该措施做出之时的"有效性"。典型的如最高人民法院审理的富日公司起诉萨菲亚公司案,[1]1970 年,美国法院判决的杜邦案亦在司法层面否定了该种要求。[2]可见,保密措施需要一种单向的、带有主观色彩的判断标准。从如上分类来看,《商业秘密司法解释》第六条规定的保密措施类型仅为列举型而非穷举型,各个种类之间的分类亦无特定分类规律,未就保密措施的特点提出"抽象的、理性的"判断标准,[3]这为本书所讨论的算法提供了特殊性的存在空间。就《商业秘密司法解释》列举的诸多类目而言,从总体来看,可以从保密措施的"质"和"量"上进行界分。具体来说,保密措施的"质"是指相关措施做出时,能在多大程度上产生效果,需要结合不同对象的特殊

---

① 最高人民法院(2011)民申字第 122 号民事裁定书。

② E. I. duPont deNemours & Co. v. Christopher, 431 F.2d 1012 (5th Cir. 1970).

③ 黄武双:《商业秘密保护的合理边界研究》,法律出版社 2018 年版,第 14 页。

性进行考量，亦需要利益衡平的精神从中协调；[①] 保密措施的 "量" 是指权利人做出的措施在物理上的覆盖范围，此时，无论是对人还是对物，抑或是对何种手段的列举，在这一范畴内都可以以 "量" 的指标进行描述。

算法的特殊性对于保密措施的影响主要分为两方面，一方面是算法属性对于这一法定要件的影响，另一方面是算法的特殊性对于秘密性和保密性两大要件的协同影响。下文的讨论将以此为基础展开。

1. 算法的层次复杂性提升保密措施的 "量"

（1）算法的层次复杂性要求更多采取措施的对象

算法的层次复杂性是指算法的构建需要多个功能模块的定义和调用，并且涉及数据结构等外部数据源，这亦是算法本身的属性之一。但是对于商业秘密的认定而言，最重要的影响不在于此，而在于基于这样复杂层次的结构，某一子部分包含的保密措施组成整个算法后，能否将其认定为算法整体的保密措施——这并非离散的组合关系，而是逻辑一体的嵌套——只要子结构包含某种加密公式，这一公式在组成算法的过程中便会成为算法独立运算的依据之一。进一步地，就这一属性于保密措施的认定而言，人们提出了这样一个问题：基于算法 "自动" 生成的加密措施能否被认为是权利人（至少是商业秘密持有人）采取的相关措施？

在处理这个问题之前，需要明确层次复杂性并不具有 "评

[①] 巡回法官指出，最完美的保密措施不一定是最合适的保密措施，保密措施不能科以过高要求而损害生产力。Rockwell Graphic Sys., Inc. v. DEV Indus., Inc., 925 F.2d 174 (7th Cir. 1991).

价"层面的意味，其意义在于"表述"算法计算的逻辑抽象性：所谓"层次复杂性"，是指算法在运行时仿佛一个黑箱，数据在内部转化，输出的数据往往截然不同于输入的数据（某些情况下甚至可以完全脱离输入数据，使用算法产生的"纯净数据"自我演算），[①]进而在输出结果上脱离计算机软件开发者的预期。换言之，权利人编写的内容只限于浅层，而真正作出决策的在于深层——基于算法的决策业已脱离权利人的控制。这一属性的外在表现导致主观认知与客观行为的分离，扭转了法学家关注的法律责任的归责基础，并冲击着自己责任原则、风险理论的基石。层次复杂性是静态视野下算法最为重要的属性，近来法学界讨论诸多"算法黑箱""信息茧房"的隐忧即源于此。

（2）审视保密措施需要静态视野

对于保密措施的讨论，需要坚持算法静态视野下的"工具性"，[②]将目光聚焦于算法本体。就商业秘密制度而言，这一属性的作用体现在保密措施的认定上。算法的商业秘密认定是权利人通过商业秘密制度主张权利的前提与依据，要站在对于计算机软件的保护之整体站位上，若单纯讨论算法动态运行下的决策流程之因果，则与本书主题相去甚远。

算法黑箱的核心问题是算法运算过程无法为人所知，算法层次复杂性的核心问题是指算法的编写者对于最后输出的结果并不能完全掌控。前者在于动态视角观察，而后者在于静态视野，二者实为一体两面。

---

① [印]Kartik Hosanagar：《算法时代》，蔡瑜译，文汇出版社2020年版，第179页。
② 陈景辉：《算法的法律性质：言论、商业秘密还是正当程序？》，《比较法研究》2020第2期，第120—132页。

（3）层次复杂性影响下保密措施的认定路径

正如法律介入算法并不要求法学家掌握诸如算法专家般的知识，对于保密措施的认定，不需要精确到究竟是权利人对于算法载体采取的保密措施，还是权利人通过算法本身运算得到的保密措施——假定权利人即是算法的编写者，抑或是算法所调用的某个功能模块所编写的保密措施。换言之，即使某种加密算法最终基于算法自我学习生成，也不能否认这些代码最开始是由权利人所编写的。从这个意义来看，首先，对保密措施"量"的考量可以视为一种评价工具，权利人在物理范畴内做出的一切措施，只要有利于维系相关信息的秘密性、体现该信息的价值性，就没有理由否认该措施所体现的保密意图。其次，退一步来看，如果出现某些算法自动形成的加密手段，而此种手段并非权利人直接编写，那么必然有某些"种子"代码。即使后续经过计算后呈现出来的某些算法的加密手段远远高于权利人在编写之初的复杂等级（或称"保密有效性"），也可以视为这是权利人彼时手段的合理延续。此时仅仅从粗略的外观来看，后续的加密手段脱离了权利人的控制，但是实际上它却是权利人植入算法"大脑"的种子发芽[1]，而权利人作为算法的构建者，自然应当享受这一成果。最后，保密措施的"量"在一定程度上是权利人保密意愿的反映方式，只要其能够体现权利人为维护该信息秘密性做出的主观努力，达到一种"归属

---

[1] 约叔华·A.克鲁尔、乔安娜·休伊、索伦·巴洛卡斯、爱德华·W.菲尔顿、乔尔·R.瑞登伯格、大卫·G.罗宾逊、哈兰·余、沈伟伟、薛迪：《可问责的算法》，《地方立法研究》2019年第4期，第102—150页。

效能"，就可以将其视为保密措施认定的考虑因素，至少是一个有利因素。[1]

算法的层次复杂性在保密措施的"量"上进一步扩充，算法的保密措施认定不仅包含权利人直接做出的、可视的措施，还包含权利人通过算法本身计算得到的、超越原本加密手段的措施，二者的联结点在于权利人的主观意愿、对价值性的体现程度，以及对秘密性的维持高度。

2. 软件工业行业惯例限缩保密措施的"质"

（1）禁反条款作为行业习惯的现状

相较于保密措施的"量"对相关措施的"广度"的考量，保密措施的"质"更关注相关措施的"深度"——相关措施（做出之时）对于商业秘密能够达到多好的保护效果（而非实际效果的硬性要求）。换言之，是实然措施与能够达到保密效果的应然措施的匹配程度。保密措施作为一种日常通行用语，本身并非法律概念，而是自然事实在法律上的投影，故对保密措施的考量应当先验地考虑经验事实。对于算法来说，应当将其置于软件工业的行业背景下考虑保密措施。这一背景对算法的保护提出的问题是，禁反条款是否有效？

所谓"禁反条款"，是指禁止反向工程条款，通常软件的权利人在许可他人使用时都会约定禁止进行反向工程。[2]《商

---

[1] 苏灿：《商业秘密民事救济制度的体系化研究》，中国政法大学出版社 2018 年版，第 111 页。

[2] 出于讨论的聚焦性，本书对于禁反条款不从格式合同的角度出发，否则会陷入论证该条款本身有效性的误区，而被迫绕开对商业秘密制度本身的探讨。

业秘密司法解释》允许权利人与接触相关信息的相对人订立契约作为保密措施（可以是劳动合同、保密协议、竞业限制条款等多种形式）——甚至将契约以列举方式载于文本本身作为对权利人的某种指引和鼓励，此时，商业秘密制度的基本原理亦要求权利人无权阻止他人进行反向工程。显然，此二者是矛盾的，而且考虑到司法解释与法律属于同一位阶，无法通过上位法高于下位法的基本方法解决，故而此问题必须结合具体情况具体分析。

所谓"反向工程"，是指相较于正向研发，通过技术成品逆向推导出其原理，实际上是由一种技术获得另一种技术的过程，[①]内在包含合理使用的性质。讨论反向工程，必先言及正向研发。通常来说，一个计算机软件的编写流程如下：首先提出需求（软件的功能），其次分解出达成该需求的各个功能模块，最后进行算法、数据结构、数据库及用户界面的编写。[②]就某一软件的商业版本而言，通常能够为公众接触到的是目标代码，此时狭义的反向工程的背景是直接通过反编译软件计算源代码，而算法应当在广义的反向工程的背景下考虑，较为完善的做法

---

① 费艳颖、周文康：《商业秘密反向工程的功能、关系与路径探析》，《科技与法律》2021 年第 1 期，第 71—77 页。

② 赵英良：《软件开发技术基础（第 3 版）》，机械工业出版社 2015 年版，第 34 页。

是适用净室原则，①梳理出各个软件功能的鱼骨图，从功能逆向推导出算法。

（2）禁反条款对保密措施的认定起到正向作用

计算机软件商业实践过程中禁反条款的有效性，实际上体现了知识产权专有权利的私力救济与契约自由的利益衡平。反向工程的合法性在立法文本上和法理上均没有争议，其作为商业秘密纠纷中的侵权阻却事由本身具有法律上的正当性。进一步地，对于计算机软件而言，适当的策略，诸如净室原则的反向工程策略更能补强反向工程的合理性。基于此，面对这一非此即彼的矛盾命题，似乎答案就是禁反条款无效。在这样的背景下，软件公司尝试约定一些模糊的条款，例如微软公司出品的 Windows8《软件许可协议》约定，软件使用人不得对 Windows8 进行反向工程或反向编译，如果当地法律许可，那么即可进行上述活动。

但是在商业秘密的保密措施视角下，本书认为禁反条款不尽然无效。原因有三：其一，就条款本身而言，并不存在天然的违法事由。若以违反公序良俗为由，法院在说理层面更是需要花费笔墨，平衡诸多考量因素之后才能得出结论，先验地认

---

① 净室原则本质上是一种独立开发的行为，具体操作是在实施反向工程过程中，实施者分为接触组和隔离组，接触组能够接触该软件，其提取信息反馈给隔离组，后者根据前者的信息重新编写代码、制作软件.其核心在于编写组的信息来源"不受污染"。一旦环境的"洁净"遭到破坏，整体开发过程便会受到法律的否定评价。Pressed Steel Car Co. v. Union Pac. R. Co., 270 F. 518 (2d Cir. 1920)；温州市鹿城区人民法院（2015）温鹿刑初字第 1818 号刑事判决书。

为该条款一概无效并不妥。其二，就保密措施而言，在认定中既要考虑客观上能达到的效果，又要结合权利人的主观态度。即使该条款无法在合同法上生效，但在保密措施"质"的层面上，不可否认其能够作为"意图"保密的考量因素，此时约定这一条款本身即能被纳入保密措施的考量，从这个角度来看，合同法上的无效事由在商业秘密制度中得以"复活"。其三，就计算机软件的业态而言，存在大量临时许可的情况。大量软件存在短期试用期，此种临时许可对于权利人而言通常是出于商业利益的考量，许可协议对于禁反条款通常会进行强调，此时若一概否认禁反条款的效力，对于权利人而言多少存在一些利益失衡的问题。

（3）美国法院认为禁反条款能够引起保密义务

在 Air Watch LLC v. Mobile Iron, INC 案中，原告销售一种集成信息收发算法的软件，向公众提供为期 30 天的免费试用服务。[①]原告在临时许可协议中明确约定试用软件仅提供给用于"评价目的"的用户，用于测试和评价软件，不能进行"竞争性分析"。法院在此种情况下认定此种协议有效，并继续认定该信息为商业秘密。可见，美国法院的观点是禁反条款能够对相对人产生一定的限制。又如在 Aqua Connect v. Code Rebel, L.L.C 案中，原告销售一种 MAC 开发软件，同样为用户提供为期 14 天的免费试用服务，此外，约定许可到期之后被许可人需要自行删除所有信息，并以书面形式提交给原告，

---

① AirWatch LLC v. Mobile Iron, Inc., No. 1:12–CV–3571–JEC, 2013 WL 4757491 (N.D. Ga. Sept. 4, 2013).

且在必要情况下需要归还所有被复制的相关信息数据。[①] 尽管没有明确约定禁反条款，但是法院仍认为，该协议明确约定许可使用期限，结合条款内容，认为被告在许可过期后没有禁反义务是一个荒谬的结果，即承认临时许可合同中禁反条款引起的实际效能。

可见，禁反条款尽管在合同法上可能无效，但是作为商业秘密的保密措施不应当被直接认定为无效。然而，在算法的应用场景下讨论，天平又可能开始倾斜：如前所述，算法实质上是一种方法，此种方法只是通过计算机实现并表现出特定功能，天然地带有抽象思想的性质，若通过一个并不能完全体现自治精神的条款限制对某种思想的流转，则不应低估知识产权的价值。故在法律属性上无法达成类似三段论的、可复制的结论时，需要法院在具体案件中具体把握。

（4）禁反条款至少可以作为一种保密措施

基于如上讨论，本书认为在商业秘密制度的视野下，禁反条款可以作为算法的保密措施，但是这并不意味着无条件承认该条款在合同法意义上的有效性。对于该条款作为保密措施的认定，本书使用抽象出来的保密措施的"质"作为评价工具。由于这一条款的约定必然是权利人在许可使用之初所拟定的，所以从整体上来看，禁反条款至少可以作为保密措施"有效性"的认定因素之一。正如"违法手段能否认定为保密措施"的争论，一种手段在结果上导致违法后果，但在行为之初至少可以体现

---

① Aqua Connect, Inc. v.Code Rebel, LLC, No. CV 11-5764-RSWL MANX, 2012 WL 469737 (C.D. Cal. Feb. 13, 2012).

出一种主观态度，这种主观性的因素在商业秘密保密措施的认定中退化成了一种正向的构成要件要素，服务于整体的保密措施的合理性、有效性评价。从这个意义上来看，可以说算法的行业习惯限缩了保密措施的"质"。

3. 保密措施的质量归结于默示保密义务

保密措施的"量"与"质"之界分是一种分离的评价机制。二者分别作用于构成要件要素的认定，但是这一界分是为了讨论算法的属性在保密措施的认定中起的作用，在具体认定上，应当以法言法语作为归结予以表述。在 2019 年修订《反不正当竞争法》时，立法者将"约定"改为"保密义务"，不过，本书认为应当结合行业惯例作出更为激进的解释，即算法保密措施"质"与"量"的归结点在于"是否能够引起默示的保密义务"。

首先，从解释论的角度出发，可以将"保密义务"解读出明示与默示两种类型。明示与默示的保密义务的区别在于保密义务的发动条件，前者对于权利人的要求更高， 后者对于相对人的义务更重。在立法并未规定不得创设默示保密义务的前提下，承认这种程度的义务有如下理由：其一，默示义务是合同附随义务的明确化。由于没有法律规定，对于商业交易、劳动雇佣签订的各类合同，附随义务通常是基于诚信原则所衍生的各种义务，此类义务若无法院说理，似乎可以解读为任何基于诚信原则、辅助合同履行的义务，这一内容本身不具有明确性。其二，商业惯例可以作为法院说理时援引的依据，但是不同行业和不同交易模式存在诸多不同之处，无法为权利人提供明确的指引，不利于为权利人提供一个令人放心的营商环境。其三，相较于明示保密义务，默示保密义务显然提供了更高程度的保护，这符合知识产权"强保护"的司法政策。

其次，在司法论上承认默示保密义务是理所应当的。实践中，法院判断保密措施时，通常采用保密协议、劳动合同的保密条款进行判断，同时结合计算机开发行业的惯例、行业习惯进行认定。例如在前述帝王霸业案中，法院认为即使未签订保密协议，依据行业习惯对于相关软件的接触者均负有"遵守商业道德"的义务。[①] 可见，商业秘密制度下，行业习惯的存在使得商业道德被转化为一种法定义务。同时，由于没有契约约定，此种义务亦是一种默示义务。

值得说明的是，本案判决并未援引 2019 年《反不正当竞争法》，法院作出的判决源于对计算机软件行业习惯的认识。此外，考虑到该案是由广东省高级人民法院判决的（广东省是商业秘密纠纷案件发生频率最高的省份），[②] 该院的判决能够反映具有一定代表性的商业秘密纠纷处理的司法意见，可见此种默示的保密义务在司法实践中已经先行得到了承认。

吴汉东教授在公开讲座上谈到的一个案例亦支持如上观

---

① 广东省高级人民法院（2019）粤知民终 457 号民事判决书。
② 北京市高级人民法院知识产权庭课题组：《〈反不正当竞争法〉修改后商业秘密司法审判调研报告》，《电子知识产权》2019年第 11 期，第 65—85 页。

点。[1]该案中，华为公司聘任了一批技术人员，分别签订保密协议，但是其中一人因为某种原因未签订保密协议，华为公司也未补签。该员工离职后携带了一些涉及商业秘密的技术内容入职新公司，华为发现后诉诸法院。法院认为，即使华为公司未与被告签署保密协议，但是该被告应当意识到，相同待遇、类似工作内容下的同事均签订保密协议，承担保密义务，此时被告也应当承担相同的保密义务。可见，在该案例中，法院即通过"默示保密义务"为认定路径，进而判决被告败诉。该案的判决或多或少地体现出法院保护原告利益的偏向和利益衡平的考量，即对于诚实研发的开发者，应当作出有利于他的法律解释。

在对算法的保密措施认定中，可能出现无法预料的、具有行业特色的措施，但是在认定时,应当通过把握相关措施的"量"和"质"，将二者归结于默示保密义务，只要权利人为保守商业秘密付出了一定的努力，采取了一定的措施，相对人基于一般注意程度能意识到这一保密意图,即可通过"默示保密义务"认定保密义务达成。

4. 保密措施与秘密性要件的正相关互动

在算法的保密措施和秘密性认定中，尽管此二要件在法律

---

[1] 吴汉东：《知识产权惩罚性赔偿研究》，安徽高院联合华东政法大学举办的第四届皖江商业秘密保护论坛上的讲话，2021 年 9 月 17 日，最后访问时间：2021 年 10 月 1 日，https://mp.weixin.qq.com/s?src=11&timestamp=1633592980&ver=3359&signature =ZKt-ka*F5bAq39p7w8jmu66UCN-DY-TWCRUsHCvipYc wsBWtcweTTnl0qtWlrIGfRia2AjIEHj7wmSvyHX6zf*7ebw- FbnpqB4jL6GsS14XvwcFQyaoH85uHqq84IDZT&new=1.

上是单独规定的独立要件，但是不应割裂二者分别独立判定，而是应综合考量。我国法院的习惯是将二者独立认定，关于二者的互动关系在裁判文书上的着墨不多，此处需要结合美国的判例进行讨论。保密措施虽然在理论上不要求相关措施的绝对周严，亦不要求效果具有绝对有效性，但是在特定情况下，算法的保密措施能够呈现与秘密性的动态互动，此种平衡机制的测算工具即为法经济学的利益杠杆。

（1）保密措施是秘密性的认定依据

秘密性要求权利人付出一定的代价，[①] 此时保密措施作为一种权利人的行为，将此种措施视为一种关涉人力物力的代价，在逻辑上不存在冲突。另外，算法的保密措施需要秘密性予以证成。一项保密措施的有效性虽然没有绝对有效性的要求，但是如果本专业中的大多数人处于不知情的状态，此种效果实际上就证成了保密措施，如上两点在逻辑上即可自证。

（2）保密措施能够在特定条件下补强秘密性

由于我国尚无单独涉及算法的案例，这一点需要结合美国法院的典型案件说明。在 Univ. Computing Co. v. Lykes - Youngstown Corp. 案中，法院指出，某一软件销售给特定客户且签订了保密协议后，尽管这一软件的功能能够被观察，但是原告采取相关措施尽了最大努力尝试保护其秘密性，该软件仍然可以被认定为商业秘密。[②] 此外，Religious Tech. Ctr. v.

---

① Weston v. Buckley, 677 N.E.2d 1089 (Ind. Ct. App. 1997).

② Univ. Computing Co. v. Lykes-Youngstown Corp., 505 F.2d 1304 (5th Cir. 1974).

Netcom On-Line Commc'n Servs. 案奠定了"上网即公开"的基本认定思路。[①] 法院认为，通常情况下，被上传至互联网的信息被匿名、广泛地传播而导致秘密性的丧失，但在特定情况下，即使相关信息被上传到互联网，若权利人采取特定补救措施，相关信息的秘密性仍可以维持。

美国最高法院审理的 DVD Copy Control Assn., Inc. v. Bunner 案为算法的秘密性维持提供了一种可参考的方案。[②] 涉案 CCS 是集成了 DVD 解码算法的一种技术，其功能是使得经过授权的 DVD 播放器能够播放特定的 DVD。该系统被美国电影业控制，组建了 DVD CCA 作为 CCS 的唯一许可实体，构建了一套许可体制对该系统进行保护。后来市场上出现了一种名为 DeCCS 的软件，能够破解 CCS 的保密算法。由于该案涉及美国电影业的利益，在诉讼过程中引起了极大的关注。该案初审法院认为不能认为某一信息一旦在互联网上公开就直接否认其作为商业秘密的秘密性，否则就是鼓励侵权者在获取某一商业秘密的同时尽快上传至互联网进而永久破坏该信息的秘密性，从而导致这一商业秘密被"销毁"。二审法院作出了更显现法经济学考量的判决。法官认为在传播非常迅速的"瞬时传播"模式下仍然可以认定尚未到达诸如竞争对手等相关人群（即若其他证据证明相关信息被上传到互联网并不等于商业秘密的秘密性丧失），从而扭转该案的裁判结果。

---

① Religious Tech. Ctr. v. Netcom On-Line Commc'n Servs., Inc., 923 F. Supp. 1231 (N.D. Cal. 1995).
② DVD Copy Control Assn., Inc. v. Bunner, 116 Cal. App. 4th 241, 10 Cal. Rptr. 3d 185 (2004).

如上美国法院的观点是，在涉算法的案例中，相关信息的公开不等于秘密性的丧失，此中联结点在于保密措施的采取与效果。而保密措施实际上也蕴含着法经济学视野下"投入—产出"的利益考量。值得说明的是，法经济学的考量无法做到统计学意义上的精度，甚至这一考量本身依然渗透了法官本身的主观认识，但美国法院的这一观点仍值得我国法院参考，原因如下：首先，在我国专利检索式秘密性认定基本范式下，相关信息的部分公开本就不可避免，若单纯以部分公开作为否认权利人采取保密措施考量因素，那便对权利人提出了过于严苛的要求。其次，美国法院的这一做法实际上带有一种保护权利人的意味，但是在法经济学的考量下，承认投入与产出的关联关系并无不当，其在法理上的正当性亦周严。最后，我国法院对于商业秘密案件的处理结果之所以在实践中引起了一系列的讨论，在一定程度上源于部分法院对于某些法定要件的考量过于简单、在裁判文书的说理过于单薄。将保密措施与秘密性进行联动考虑，能够在单纯的法定要件分别认定之外，为判决文书提供一定的说理依据。

5. 小　结

保密措施是商业秘密成立专有权利的法定要件，是一种主观加之客观双重属性的要件，既要求权利人有保密意识和保密义务，又要求其采取客观上的有一定效果的与算法相应的保密措施。部分学者采取"保密性"的表述，尽管不妥当，但是体现出了对保密效果的客观要求。对于算法的保密措施认定，在以"质"和"量"作为评价工具的前提下，同样需要结合算法的特殊性予以考量。

　　算法的层次复杂性是指算法中涉及多个函数模块的调用，此时原有模块内布置的保密措施被正常算法吸收，并表现为算法自身采取的加密手段，这种保密措施应当视为权利人采取的保密措施。此外，算法的保密措施需要兼顾软件工业的习惯，特定条件下，即使未签订保密协议，只要能够基于一般注意引起一种默示的保密义务，即可认定权利人采取了保密措施。

　　进一步地，在算法的商业秘密认定中，保密措施要件并非单独的认定因素。在保护知识产权、鼓励创新的基本共识下，法经济学考量的引入能够为保护权利人找到更多理据。在这样的背景下，算法的商业秘密认定需要在保密措施要件和秘密性要件的动态互动中把握。

第五章
算法的商业秘密
认定之司法建议

法谚有云，极度的确定性反而有损确定性。[①]鉴于商业秘密（权）的客体是一种极富动态属性的信息，从本书来看，首先，我国目前采取的列举式立法模式相对适合商业秘密法属性，且列举式立法更能传达出一种"强保护的态度"，此时在立法层面对算法的规定提出更多要求显得不合适。其次，就体量来看，本书所讨论的算法是商业秘密制度中的技术信息的其中一种对象，仅针对算法的认定对立法提出独立的要求显然并不符合"投入—产出"的法经济学考量，亦使得对于算法的法律防御矩阵显示出过于严密的局面——或许当算法升级为所谓的"强人工智能"之时，对于算法本身可能需要专门出台法律，此时亦得以兼顾其作为商业秘密的权利属性，但显然当下尚不具有此种社会认识的基础。再次，《商业秘密司法解释》将算法视为商业秘密的对象，赋予其"可商业秘密性"，是司法解释作为相对灵活的"立法手段"在时代背景下作出的即时反馈，不应对立法者再提出过高的前瞻性立法之要求。最后，算法在商业秘密认定中的特殊性究其根本是对法律要件的理解和把握问题、证据认定问题（至少在《反不正当竞争法》的场域下如此），将司法者的难题

---

① 张明楷：《刑法格言的展开（第三版）》，北京大学出版社 2013 年版，第 5 页。

转移到立法者身上亦不适当。因此下文的任务是，结合前述算法诸多属性在其商业秘密认定中出现的问题，为司法者在处理此类案件时提出相关解决方案，而不是脱离当下的社会认识与科技发展水平，直接对立法者提出所谓的建议。

第一节 构建强保护的司法格局

1. 宽严相济把握司法政策

在我国的司法实践中，司法者不仅需要依（狭义）"法"（以及规范性文件）作出裁判，司法政策也是作出裁判的重要理据。尽管司法政策不能直接在裁判依据一节中被援引，但是在说理逻辑中，司法政策的地位不可磨灭。甚至在从立案到审判的全过程中，司法政策在某种意义上享受了比法律更高的优先级（尤其是在本书所关注的"算法＋商业秘密"领域中）。可以想见，若此类案件发生，司法者所要兼顾的不仅是法律本身的规定，还有对行业引导、司法态度的彰显等更为广泛的考量要求。法官在把握案件总体走向、预判案件对于社会观念的导向方面时，需要结合最高人民法院的政策性文件、最高人民检察院的政策性文件及各类指导性案例等材料，在适用法律的同时融入司法政策的精神。

就算法的保护而言，应当结合各项司法政策的精神，但是司法者也要避免在案件说理中错误援引司法政策。即既要避免直接援引司法政策作为裁判依据，又要避免过于笼统的说理，还要避免在不同案件中使用相似甚至雷同的说理。算法相关的商业秘密纠纷案一旦发生，可能演变为系列案、批量案，因此在司法政策的精神理解和援引规范上，需要司法者深刻把握司法政策的地位，引导知识创新，营造良好营商环境，交出有公信力和公定力的裁判文书。裁判文书体现了司法实务对于某一事物的看法，亦是某种层面上的社会推动力。抽象如算法，在软件工业中发挥着越来越重要的作用，需要在商业秘密领域中摆正其位置，以商业秘密法定要件作为边界和尺度，助力权利人交出有理有力有节的司法答卷。

2. 司法者主动行使释明权

就法律属性而言，释明权是司法者的一种权利，而非一种义务。虽然无法律的直接规定，但是在算法的商业秘密认定中，司法者应当主动行使这一权利，以体现法院在居中裁量过程中对于案件事实的负责态度和对当事人应有权利的保护姿态——至少就保护姿态而言，或许权利人可能因为各类原因无法获得法院的支持，但是在查明事实、审理案件的过程中，应当展现出司法者对于新生事物在既有法律制度的调适过程中的积极态度。

在实践中，由于职权主义的色彩浓厚，法院往往压制了当事人在算法案件乃至商业秘密案件中获得支持的可能。本书建议司法者在涉算法案件中采取积极的"支持"态度。此种支持并非结果意义上的裁判意见，而是在案件审理过程中防止在事实查明阶段的应有权利被削减。从本书来看，传统的释明模式有三弊：一是主体单一，法院简单释明法律要件后，即将庭审的重点交由原告当事人以自证权利；二是程序简单，面对法院的释明，当事人无进一步征询的机会，法院即进入下一阶段的庭审；三是心证封闭，法院面对算法这一抽象问题，往往依据裁判经验将思想排除出保护范围。如上三弊，若套用在算法案件中，权利人胜诉的可能性便被直接减损——算法本身的抽象性和商业秘密（权）认定的复杂性，为"在每一个案件中感受公平正义"施加了天然的困难。

如前所述，算法的抽象性会引发商业秘密认定的诸多难题，如难以明确具体内容、算法功能与秘密点审理技术的矛盾等问题。为达成庭审的实质化目标，需要法官主动行使释明权。具体而言，法官应当主动将当事人的主张事实整理为事实争点，帮助、引导当事人以秘密点的形式总结算法，并通过事实要件，协助当事人分析误区，通过意见征询程序，对"第一世界"的主张事实进行处理。当然，本书所主张的只是行使释明权，而非步步引导当事人进行庭审，毕竟法院本身应当且必须处于中立地位。在涉算法案件中，由于算法本身的抽象性，被告往往能通过极强的伦理证明其并未落入原告所主张的权利范围，或许还能请到相关的专家证人出具鉴定意见。司法者在行使释明权的同时，庭审的核心依然是法定要件的认定，而不至于"为了表明司法态度而表明"。

3. 裁判文书详细阐明评述

从本书的研究样本来看，法院在商业秘密本体的评述中，往往着墨不多，反倒是权利人的主张与质证意见占据了该类案件的主要篇幅。例如在类似的技术秘密纠纷案中，权利人往往不服鉴定机构出具的鉴定报告，并提出相关理由，但是法院通常基于"原告未能提出更多证据"一概否认原告的主张，尽管这可能确与当事人的诉讼技巧、专业程度有关，但是此种表述高频率的出现应当引起关注——就本书的研究样本而言，此种表述的出现频率不可谓不高。此外，法院对于商业秘密关键要件的评述往往三言两语一概而过，例如在对价值性的认定中，往往简单表述为"依据行业惯例"而具有竞争优势。这种从简表述的态势对于算法的商业秘密认定是一个极不友好的信号。当然，价值性本身对于算法而言（前提是相关算法确实能够解决行业内的问题）通常不具有过多的讨论空间，当事人既然选择承担诉讼成本并选择诉讼方式主张权利，本身就意味着从市场主体来看，涉案算法存在市场价值。但是这依然不能倒推出司法者在裁判文书中选择性地进行评述，尤其是涉及非公知性、保密措施等关键要素。

算法的各个属性对于商业秘密法定要件的认定产生诸多细微影响，若在裁判文书上不能对各个事实进行详细评述，把握个中细节，那么涉算法的商业秘密案件恐怕难以达到"案结事了"，而法院出于案件压力等外部原因草草对待裁判文书则不应当为公众所接受。例如，前文详述保密措施的"质"与"量"，或是将商业秘密法定要件细化为构成要件要素进行认定，旨在通过这一评价工具阐明算法的各种需要于细微处把握的属性——这些属性的理解和把握足以影响案件走向。在裁判文书上虽然不能使用这种理论观点，但是本书认为算法的这些属性通过证据审查、举证质证等环节体现在裁判文书上则全无障碍。

　　商业秘密案件的裁判率低、文书上网比例不高、已上网文书从简表述等现状显然与我国的法治理念、法治目标不符，需要司法者勇于突破。就算法的商业秘密认定而言，《商业秘密司法解释》颁布以来，对于涉算法的商业秘密案件的审理尚未形成司法共识，容易出现类案异判的现象。因此，对于算法案例的"首发"判决就显得相当重要，在这样的领衔判决中，对于算法的诸多属性及相关属性背后证据层面的要求亦当仔细考量，慎重把握。这一点对于广东、北京、浙江、上海四地的法院尤为重要。以上四地是互联网公司的聚集地和 AI 产业重镇，又是商业秘密案件的高发地，一场涉及算法的商业秘密案件"首发"裁判无疑是整个行业导向的风向标，更需要司法者作出详尽的案件说理与证据裁量。可以想见，算法第一案出现之后，由于我国知识产权管辖和审级制度的存在，不需要最高检察院介入，当事人亦能直接把案卷直接送上最高法院的案桌。此时首次承办案件的司法者在承办过程中的所作所为会被全国法院系统检视，在这样的聚光灯下，采纳本书——至少是本节的建议是理所应当的。

4. 接受多元化的查明手段

　　司法实践常用的司法鉴定制度在涉算法案件乃至整个商业秘密案件中均出现效力供给不足之现状，因此法院需要接受多元化的审查手段。既然权利人对某种信息欲提起诉讼以主张权利，就其主观心态来看，通常是相信其花费巨量投入取得的信息能够被认定为商业秘密。故而，权利人往往采取诸多举证手段，而且权利人对此通常持积极态度，即希望通过各种渠道的证据以证明其权利。司法者应当"接受"这些举证手段，并且将其引入案件实体审理阶段，即使权利人的某项举证不满足某些过细的程序性要件，亦接受当事人的其他举证。

在我国法院的司法实践中，对于技术问题的解决手段通常是委托司法鉴定，借助鉴定人员的专业知识解决专业问题。部分法官会产生误解，认为鉴定意见是由具有鉴定资格的相关人员和单位作出的，故绝对正确，甚至片面地认为鉴定意见的正确性与鉴定机构的单位级别挂钩。[①] 显然，这种现状需要引入多元化案件查明手段，即在实质上扩张案件证据意见来源。

根据最高人民法院《关于民事诉讼证据的若干规定》和《民事诉讼法》的相关规定，我国已经确立了专家辅助人制度，当事人和法院分别可以依申请、依职权让专家辅助人介入、查明商业秘密案件的技术问题。这一手段类似于英美法系国家的专家证人制度，司法者和当事人均可对专家辅助人进行询问，当事人可以分别申请专家辅助人进行对质。知识产权案件则更进一步，2019年，最高人民法院《关于知识产权法院技术调查官参与诉讼活动若干问题的暂行规定》的出台，在知识产权案件中引入技术调查官，这为案件的查明提供了另一种手段。需要注意的是，技术调查官是由法院聘任的，在案件查明过程中，其与法院的关系不处在绝对中立的地位，故而需要当事人申请的专家辅助人进行制衡。

[①] 姚建军：《中国商业秘密保护司法实务》，法律出版社2019年版，第123页。

　　司法鉴定机构、专家辅助人、技术调查官三方的地位可以在微妙处进行平衡，在制度安排上有利于案件事实的查明。司法者要做的，就是抛弃原有的唯司法鉴定意见至上的观点，通过如上三者在诉讼中的参与，结合听证会制度，正确厘清算法的诸多自然属性，进而作出法律上的商业秘密(权)的"是或否"的认定。

第二节 形成精细化的审查思路

算法的控制分离性、功能累进性、表达多样性、层次复杂性对商业秘密法定要件的认定提出了一连串问题。尽管本书使用构成要件要素作为法定要件的评价工具，但是这种仅仅在理论层面的认识仍然不足。对于那些在实践中意图将算法作为商业秘密以保护计算机软件的权利人而言，实质上是希望法院在证据审查阶段的同时认识到这些内容。仅依靠法定要件的模糊概念已经不能满足算法的商业秘密认定中所需要的证据体量及审查细节，这就要求法院使用精细化的商业秘密认定审查思路。

具体而言，精细化的认定审查思路提出了一种更为微妙的要求。这种要求需要司法者结合前述司法政策的理解和把握，主动行使释明权，与当事人"配合"查明案件事实，在总结出秘密点以明确算法的具体内容的基础上，使用多元化的举证质证查明手段，听取当事人、鉴定机构、专家辅助人、技术调查官等多方意见。在整体过程中，应仔细理解算法的特殊事实属性，结合产业样态进行审查与认定。

1. 深化理解算法的内在属性

对于算法的商业秘密认定，首先要求司法者深化理解算法的诸多相关属性。究其核心，法院处理的虽然是法律适用问题，但是仍然要以事实认定为前提。如前所述，算法虽然是一种看不见的物理方法，但是天然地带有抽象性，在对算法本身知之甚少的前提下，法院即对涉算法案件进行裁判，将不可避免地带有无法保护权利人应有权利的风险。故而，就涉算法案件的实质化审理而言，首先应当要求司法者深入理解算法的内在属性。

本书的研究意义在于对不远的将来出现的算法商业秘密侵权第一案进行尝试性的探讨。具体到法院的认定，由于算法本身的诸多属性，如去中心化、功能累进性等特殊属性，均需要法官在整体司法政策的背景下实现一些突破。甚至在部分属性的影响下，算法的商业秘密认定需要改变一些商业秘密案件的传统审理思路。如在算法秘密性的认定中，在必要的情况下，对"不为公众所知悉"和"不易获得"进行更为激进的解释，这对于算法诸多属性的认定是重中之重。

2. 细化"所属领域"的范围

所谓"细化秘密性认定范围"，是指在知悉范围的行业范围、知悉程度、知悉主体三个维度拓宽限制范围。就该要件而言，即使能够通过某些手段降低某一算法被认定为商业秘密的门槛，但在实质上，三个考量因素的放宽实际上能够起到的效果是限制相关信息被认定为商业秘密的基础标准，即只有真诚参与、有实质性贡献的权利人的付出才能被保护。降低门槛并不意味着更多低质的算法能够被认定为商业秘密，而是一些优质的算法能够免去不必要的障碍，顺利获得知识产权制度层面的保护。

具体而言，是指在进行算法的秘密性认定要件中的"普遍知悉"认定时，考虑到算法的去中心化和控制分离性，某一种信息可能在业界广为流传，而其权利人若希望获得商业秘密制度的保护，则需要提出更多证据证明该信息的秘密性。知识产权制度保护的是真正的创新，而不是类似专利撰写技巧的"小聪明"。只有先明确某些信息不属于公有领域，才能讨论何种信息能够受到商业秘密制度的保护。值得强调的是，就商业秘密的明确而言，通过秘密点明确算法内容时，不是指需要在构成层面上要求相关信息与公有领域的绝对区分，而是指整体内容在相关专业成为共识的，不应当受到保护。此中的界限需要司法者结合多种查明手段谨慎把握。

3. 调整"不为公众所知悉"门槛

基于前述"不易获得"要件与"不为公众所知悉"要件的递进关系，法院在算法的商业秘密认定中，应当强调对算法不易获得要件的审查。当权利人主张算法系其独立开发，且能举证相关的人力物力等研发投入，即使未能举证查新报告意义上的鉴定报告，依然可以认定其秘密性。这种审查的效果看似降低了商业秘密认定的条件，但是对诚实开发者而言，"不易获得"要件要素能够在一定程度上包含"不为公众所知悉"要件要素的意涵，能够举证一种算法的研发过程和相关成本，这一正向举证在一定程度上能够证明本领域的其他人难以知悉，故这一认定条件的降低并未在实质上降低门槛。

具体而言，首先，可以要求权利人提交会计账目、支出凭证等能够证明存在相关研发费用、资金投入、研发人员工资等研发成本支出的证据；其次，要求权利人提交其相关资质、研发技术能力的证据；再次，注意审查权利人提交的相关算法的开发历史、测试日志等研发过程的证据；最后，若是权利人主张其算法权利基于许可，则法院应当仔细审查转让、许可合同、支付相关费用的记录。

4. 实质化认定默示保密义务

在算法的保密措施认定中，法院应当将默示保密义务作为是否采取合理保密措施的实质条件。明示型保密义务所要求的保密内容及注意高度必然高于默示保密义务，故将保密义务的基础条件视为基准在逻辑上并无障碍。可以想象，在一定行业标准下，明示的保密义务和默示的保密义务实际上存在一定的竞合，即这一理论上的标准界分已经被互联网行业的基本共识和通行做法所弥合。如果入职某一互联网公司，不签署相关的保密协议反而会令人感到奇怪。将认定标准归结于默示的保密义务，这在形式上降低了权利人所应做出的保密措施要求，这种要求将在事实上起到降低算法商业秘密认定门槛的效果。促进某一算法通过秘密性的认定，这至少应当被视为一种需要鼓励的商业活动。在这样的倾向下，设定保密措施的基础门槛为默示型义务应是司法政策的要求。进一步地，这亦是基于对商业秘密制度所运行的市场、行业背景的观察，严格地说这一标准并非司法认定的特殊化，而是结合实然事实的应然承认。

具体而言，司法者在对各类保密措施进行审查时，需要通过多种查明手段主动剔除技术类措施的外在躯壳，在实质范畴

上进行认定。除了在形式上对照《反不正当竞争法》及《商业秘密司法解释》所列举的保密措施类型，还应当在实质上把握各种措施的实际效能和互联网行业的通行做法。对不同接受主体分类：对于公司内部和业务往来的相对人而言，在通常的商业模式和注意标准下，能起到引起保密义务的效能；对社会公众而言，能在实际上产生一定强度的保密效果。对此二者灵活认定，可以区分内外两类不同的商业秘密泄露类型及嗣后不同的确权、侵权认定范式。

第三节 算法的特殊性之适正

1. 以法定要件作为权利确认依据

算法的商业秘密认定实质上给算法以一种专有权利，而权利的边界则被商业秘密的法定要件严格划定。同样一个算法，若权利人以不同的请求权依据起诉，涉及的举证内容亦不同。如算法可以作为专利权的对象，以专利权确权、申请权等案由进行保护，而不同的保护模式则涉及全然不同的法律规范。在本书所讨论的范畴内，算法首先应当认定为技术信息，从而作为商业秘密获得专有权利的权能。此时，对于算法的考量不再涉及具体的信息技术，其作为一种知识产权权利的边界在于对法定的价值性、秘密性、采取保密措施三大要件的认定和理解。

换言之，前文所涉及的算法在技术层面的内涵将被全部涤除，取而代之的是法定要件作为其专有权利的环节。本书从算法的自然属性入手，目的在于讨论这些自然属性如何影响对法定要件的理解，同样地，法院在处理涉算法的商业秘密纠纷案时亦应当坚守法定要件作为权利的边界。前文建议司法者对算法内在属性的理解亦在于处理法定要件认定时的细微手法，而不以对技术本身的认识为目的。

2. 以"不易获得"作为认定的重心

"不易获得"是秘密性的构成要件要素，其与另一构成要件要素"不为公众所知悉"呈递进关系。"不易获得"本身并非法定要件，故而其不能单独构成商业秘密的认定要件，但是在法官心证和诉讼整体进程上，"不易获得"作为秘密性的要件要素，可以直接服务于秘密性的认定。即在算法的商业秘密认定中，权利人在举证程序中只要能够证明某一信息不易获得，那么在逻辑上至少能够为法官在秘密性的认定上提供一定程度的心证。尽管"额头流汗"标准在版权法上不是产生专有权利的依据，但是在商业秘密制度的检视中，应当承认"不易获得"就意味着善良真诚的权利人会投入成本。尤其是在算法所处的计算机行业领域，通常"大数据"直接关联的就是"大投入"，在这样的背景下，对于法定构成要件中的"不易获得"要素应当着重考察。

建议司法者在秘密性的处理上，着重审查权利人关于"不易获得"的相关证据。当然，证据的审查需要结合证据规则和诸多其他的规范性文件，本建议实际上意味着对这一构成要件要素的审查已成为司法者"预判"的考量要素之一。从前文的论述来看，其实算法的去中心化、参差复杂性在内涵上隐含着算法本身的技术门槛，将"所属领域"细分为相关专业、区分公司内部与外部的知悉主体，并且进一步地区分不同主体的知悉程度，实质上都能够佐证算法的不易获得。此时，权利人若能在如上检视中通过对"不易获得"要件的认定，那么对于另一消极要件"不为公众所知悉"而言，其难以正面举证的难度将会被直接绕开，进而有利于保护真正的商业秘密权利人。

3. 要求被告证明"为公众所知悉"

前文提到将"不易获得"作为秘密性认定的重点，其在反面意味着"为公众所知悉"可以由被告证明。这一进路并非从举证责任分配这一重大议题所推导，而是经验法则层面的逻辑延续。在善意权利人的主张中，既然能够证明某一算法"不易获得"，至少意味着被告在通常情况下无法获得。此时被告若主张该算法已经处于公共领域，那么被告自行证明该信息"为公众所知悉"自然是应有之义，这一安排并非证明意义上的举证责任，而是民事诉讼本身的权利证明及权利抗辩。

在对秘密性的认定结构和构成要件要素的考察中，原告一旦能够证明相关信息不易获得，在符合其他构成要件的情况下，若无被告有效抗辩，其权利自然得以确立。既然应当为"不易获得"要件要素赋予更高的权重，那么"为公众知悉"要件要素的权重就得以下降，此时，若被告未能有效抗辩，那么秘密性要件就得以证立。需要说明的是，被告此时当然享有对原告任何主张的抗辩权利，只是在秘密性要件的认定上，司法者在原告能够证明涉案算法确实难以获得的前提下，可以由被告证明"为公众所知悉"。这一安排并非天然地转移举证责任，而是为了在庭审实质化的基础上合理分配证明内容。

4. 对保密措施进行主客观一体化认定

算法商业秘密认定需要遵循的最后一个要件是保密措施的认定。保密措施是一种主客观一体的要件，一方面体现权利人的保密意愿，另一方面对保密措施本身的深度和广度提出要求，需要综合进行考量，司法者需要兼顾主观和客观进行一体化认定。需要注意的是，尽管保密措施的实际效能是重要的考量因素，但是绝非要求完全依据实际效果进行考量。

就算法而言，其特殊性在于算法本体经过演算产生的保密措施能够被认定为权利人采取的保密措施。首先，由于算法存在层次复杂性，这意味着算法一来在持续地自我演算，二来不同功能模块对于总体算法框架会产生不同程度的权系影响。在具体认定的时候，应当停止算法持续地自主计算，静态视野下观察其本身的各个模块。经过演算得出加密措施必然由权利人布置的前期代码发展得来，后续的技术难度和保密程度应当认定为权利人的保密措施。其次，受到行业习惯的影响，禁反条款被大量适用于行业实践。但是在算法的商业秘密认定中，应当转变视角，禁反条款即使可能在合同法视野下因为其作为格式条款或是显失公平而被认定无效，但是在商业秘密法定要件的视野下，法院应当承认其有效性。保密措施的认定应兼顾主观和客观方面，禁反条款至少在主观方面应当被承认，因为其至少体现了权利人积极的保密意愿。最后，前述默示保密义务应当是保密措施的归结，这一认定同样需要司法者从主客观一体评判的视角出发进行认定。

结　语

　　《商业秘密司法解释》将算法列举为商业秘密的对象之意义在于填补和提示，实为立法者关注到目前的司法制度无法对计算机软件提供周全保护之结果。所谓"填补"，是指司法解释出台本身即是司法实践需求的反映，为弥补立法的滞后性而进行灵活补救；所谓"提示"，是指司法解释之文本作为一种行为引导，指引权利人基于算法的商业秘密认定以主张商业秘密（权）。商业秘密制度在我国的发展尚未完全成熟，至少在通行称谓上，"商业秘密"一词是作为一种对象和权利混用的，从这一点可窥见我国知识产权制度的构建和完善正处于上升期和攻坚期，需要深刻把握法理，沉淀司法经验。

　　本书的切入口是学理上算法的商业秘密认定，通过探讨算法本体的诸多属性，明确其在商业秘密制度中的运行表征，但是纸背之意在于讨论另一层面的两个问题：一是我国法律对商业秘密制度规定的笼统性，其在繁复的商业社会调适中遭遇巨大摩擦力，需要司法者进行精细化认定。二是处在算法时代的前夜，对于算法的研究不应当仅停留在其对于决策能力的评估和风险社会的隐忧，而应当回归算法本体，对其属性做进一步把握。法律学者即使不具备技术层面的知识，依然可以以规范事实为切口介入算法治理。商业秘密制度仅是算法治理的其中一环，甚至由于其客观效能在于保护计算机软件，而无法真正评估算法的属性，对于算法的研究应当在更为广阔的视域下进一步拓展。

参考文献

［1］最高人民法院民法典贯彻实施工作领导小组. 中华人民共和国民法典总则编理解与适用［M］. 北京：人民法院出版社, 2020.

［2］北京市第一中级人民法院知识产权审判庭. 侵犯商业秘密纠纷案件审判综述［M］. 北京：知识产权出版社, 2008.

［3］孔祥俊. 反不正当竞争法新原理（分论）［M］. 北京：法律出版社, 2019.

［4］刘艳红. 网络犯罪的法教义学研究［M］. 北京：中国人民大学出版社, 2021.

［5］郑成思. 知识产权研究（第二卷）［M］. 北京：中国方正出版社, 1996.

［6］郑成思. 版权法［M］. 北京：中国人民大学出版社, 1997.

［7］苏灿. 商业秘密民事救济制度的体系化研究［M］. 北京：中国政法大学出版社, 2018.

［8］李仪、苟正金. 商业秘密保护法［M］. 北京：北京大学出版社, 2017.

［9］应明、孙彦.计算机软件的知识产权保护［M］.北京：知识产权出版社,2009.

［10］王迁.知识产权法教程［M］.北京：中国人民大学出版社,2019.

［11］黄武双.商业秘密保护的合理边界研究［M］.北京：法律出版社,2018.

［12］姚建军.中国商业秘密保护司法实务［M］.北京：法律出版社,2019.

［13］张玉瑞.商业秘密法学［M］.北京：中国法制出版社,1999.

［14］李明德.美国知识产权法（第二版）［M］.北京：法律出版社,2014.

［15］寿步、王晓燕.云计算知识产权问题研究［M］.上海：上海交通大学出版社,2014.

［16］何帆.刑法注释书［M］.北京：中国民主法制出版社,2021.

［17］赵英良.软件开发技术基础（第3版）［M］.北京：机械工业出版社,2015.

［18］张文显.法理学（第四版）［M］.北京：高等教育出版社,2011.

［19］富田彻男.市场竞争中的知识产权［M］.廖正衡,等,译.北京：商务印书馆,2000.

［20］Kartik Hosanagar.算法时代［M］.蔡瑜,译,上海：文汇出版社,2020.

［21］Aditya Bhargava. 算法图解［M］. 袁国忠，译. 北京：人民邮电出版社,2017.

［22］Robert Sedgewick，Kevin Wayne. 算法［M］. 谢路云，译. 北京：人民邮电出版社,2012.

［23］王迁. 论著作权保护刑民衔接的正当性［J］. 法学,2021(08):3-19.

［24］张今. 商业秘密的范围和构成条件及其应用［J］. 法律适用,2000(04):28-31.

［25］曾凤辰. 反不正当竞争法与知识产权法关系的司法政策的教义学展开［J］. 交大法学,2021(02):157-168.

［26］罗晓霞. 技术秘密侵权案中公知技术的法律问题研究［J］. 行政与法,2012(06):113-116.

［27］顾韬. 关于侵害技术秘密纠纷案件审理思路及方法的探讨［J］. 电子知识产权,2015(12):13-21.

［28］黄武双. 商业秘密的理论基础及其属性演变［J］. 知识产权,2021(5):3-14.

［29］宋健,顾韬. 计算机软件侵权认定若干问题论述［J］. 人民司法,2014(13):83-87.

［30］北京市高级人民法院知识产权庭课题组.《反不正当竞争法》修改后商业秘密司法审判调研报告［J］. 电子知识产权,2019(11):65-85.

［31］姜野. 算法的规训与规训的算法：人工智能时代算法的法律规制［J］. 河北法学,2018,36(12):142-153.

［32］费艳颖,周文康. 商业秘密反向工程的功能、关系

与路径探析［J］.科技与法律,2021(1):71-77.

［33］陈景辉.算法的法律性质:言论、商业秘密还是正当程序?［J］.比较法研究,2020(2):120-132.

［34］苏宇.算法规制的谱系［J］.中国法学,2020(3):165-184.

［35］丁晓东.论算法的法律规制［J］.中国社会科学,2020(12):138-159,203.

［36］梁志文.论算法排他权:破除算法偏见的路径选择［J］.政治与法律,2020(8):94-106.

［37］季卫东.数据、隐私以及人工智能时代的宪法创新［J］.南大法学,2020(1):1-12.

［38］约叔华·A.克鲁尔,乔安娜·休伊,索伦·巴洛卡斯,等.可问责的算法［J］.地方立法研究,2019,4(4):102-150.

［39］朱谢群.软件知识产权保护模式的比较——兼论版权与商业秘密对软件的组合保护［J］.知识产权,2005(4):13-19.

［40］闫文军,吴安骐.云计算环境下商业秘密保护问题探讨［J］.电子知识产权,2013(6):31-36.

［41］郭德忠,冯勇.软件商业秘密的认定与保护——以美国判例为主要视角［J］.知识产权,2016(8):119-123.

［42］陈燕萍.商业秘密侵权相关问题探究［J］.山东法官培训学院学报（山东审判）,2011,27(6):53-57.

［43］赵筝.侵害商业秘密的认定标准实务问题研究——以技术信息司法判断标准为视角［J］.河南科技,2020(3):58-63.

［44］邓恒.商业秘密司法鉴定之实践检讨［J］.知识产

权 ,2015(5):33−38.

［45］刘晓鸣 . 政策司法化研究［D］. 吉林大学 ,2020.

［46］Tarleton Gillespie, Pablo J. Boczkowski，Kirsten A. Foot, eds.Media Technologies: Essays on Communication, Materiality, and Society［M］.Cambridge: The MIT Press, 2014.

［47］David Beer.Power Through the Algorithm ? Participatory Web Cultures and the Technological Unconscious［J］. New Media &Society, Vol.11，no.6，2009.

［48］Eric Douma. Fair Use and Misuse: Two Guards at the Intersection of Copyrights and Trade Secret Rights Held in Software and Firmware［J］. 42 IDEA37, 2002.

［49］Jamillah Bowman Williams. Diversity as a Trade Secret ［J］.107 GEO. L.J. 1685, 2019.

［50］ Anupam Chander. The Racist Algorithm［J］.115 MICH. L. REV. 1023, 2017.

［51］ Matthew J. Frankel. Secret Sabermetrics: Trade Secret Protection in the Baseball Analytics Field［J］.5 ALB. GOV't L. REV. 240, 2012.

［52］Robert Unikel. Bridging the Trade Secret Gap: Protecting Confidential Information Not Rising to the Level of Trade Secrets［J］.29 LOY. U. CHI. L.J. 841, 1998.

［53］ Andrew A. Schwartz. The Corporate Preference for Trade Secret［J］. 74 OHIO St. L.J. 623, 2013.

［54］Executive Office of the President National Science and

Technology Council National Science and Technology Council Committee on Technology［EB/OL］.(2016－10－12)［2020－01－08］.https://obamawhitehouse.archives.gov/sites/default/files/whitehouse_files/microsites/ostp/NSTC/preparing_for_the_future_of_ai.pdf.

［55］Association for Computing Machinery US Public Policy Council (USACM), Statement on Algorithmic Transparency and Accountability［EB/OL］.(2017－12－11)［2020－05－07］. http://www.acm.org/binaries/content/assets/publicpolicy/2017_usacm_statement_algorithms.pdf.

［56］宋晓明.新形势下我国的知识产权司法政策［EB/OL］.(2015－04－23)［2020－08－16］.https://www.chinacourt.org/article/detail/2015/04/id/1601835.shtml.